A TEOLOGIA DA PROSPERIDADE E UMA "PROPOSTA" BÍBLICA

I0446197

Autor: Rogaciano Rodrigues Alves

Bel. Em Teologia

A TEOLOGIA DA PROSPERIDADE E UMA "PROPOSTA" BÍBLICA

RELIGIÃO

O objetivo é mostrar os questionamentos bíblicos a cerca da prosperidade.

ÍNDICE

1. RESUMO

Este trabalho é sobre "a teologia da prosperidade e uma 'proposta bíblica. O que questiona o que a Bíblia fala sobre prosperidade? Ainda nessa mesma ideia, tem o objetivo de mostrar o que a Bíblia fala sobre a prosperidade. A contradição irreconciliável entre o ensino do evangelho da prosperidade e o evangelho do nosso Senhor Jesus Cristo é resumido nas palavras de Jesus em Mateus 6:24: "Ninguém pode servir a dois senhores; pois odiará a um e amará o outro, ou se dedicará a um e desprezará o outro. Vocês não podem servir a Deus e ao Dinheiro." Para fundamentar o tema, elabora-se uma pesquisa bibliográfica, analisando site, revistas, artigos e livros dos seguintes teóricos: Armstrong (2001), Campos (1997), Corte (1996), Gomes (1994), Gondim (2001), Hagin (1996, 2000), Libânio (2000), Macedo (1985), Mariano (1999, 2005, 1996, 1995), Rodovalho (1999), Romeiro (199), Soares (1985), Storniolo (1992), Yancey (2000), Com a bibliografia analisado foi possível dividir esse trabalho em três capítulos. No primeiro capítulo aborda sobre algumas considerações sobre a Teologia da Prosperidade, tratando da origem da Teologia da Prosperidade; as características da Teologia da Prosperidade; e a Teologia da Prosperidade no Brasil. No segundo capítulo trata sobre a Teologia da Prosperidade e a luz Bíblia. E por fim no terceiro, analisa uma proposta bíblica da Teologia da Prosperidade, abordado a graça e sua transmissão; e uma Teologia da Gratuidade; e Teologia da Gratuidade e o conteúdo de vida cristã. Espera-se que ao término desse trabalho, possa está abordando a contento sobre a Bíblia e a Teologia da Prosperidade.

Palavras Chaves: Teologia da Prosperidade, Bíblia, Teologia da Gratuidade, Vida Cristã.

2. INTRODUÇÃO

No evangelho da prosperidade, também conhecido como a religião "Palavra da Fé", o fiel é encorajado a usar a Deus, enquanto a verdade do Cristianismo bíblico é justamente o contrário – Deus usa o fiel. A Palavra da Fé ou Teologia da Prosperidade enxerga o Espírito Santo como um poder a ser usado para qualquer coisa que o crente queira alcançar. O Movimento do Evangelho da Prosperidade muito se parece com a ganância tão destrutiva que infiltrou a igreja primitiva. Paulo e os outros apóstolos não tentaram conciliar sua teologia com a dos falsos mestres que tentaram propagar tal heresia. Eles os identificaram como mestres falsos e perigosos e muito encorajaram os Cristãos a evitá-los

Um termo favorito no movimento Palavra da Fé é "confissão positiva". Refere-se ao ensino de que palavras têm poder criativo. O que você diz, assim os mestres da Palavra da Fé afirmam, determina tudo o que acontece com você. Suas confissões, especialmente os favores que você exige de Deus, devem ser afirmados positivamente e sem qualquer dúvida de que vão acontecer. Então Deus tem a responsabilidade de responder a tal pedido (como se o homem pudesse exigir qualquer coisa de Deus!). Portanto, a habilidade de Deus de nos abençoar supostamente depende da nossa fé. Tiago 4:13-16 claramente contradiz esse ensinamento: "Eia agora vós, que dizeis: Hoje, ou amanhã, iremos a tal cidade, e lá passaremos um ano, e contrataremos, e ganharemos; Digo-vos que não sabeis o que acontecerá amanhã. Porque, que é a vossa vida? É um vapor que aparece por um pouco, e depois se desvanece. Em lugar do que devíeis dizer: Se o Senhor quiser, e se vivermos, faremos isto ou aquilo. Mas agora vos gloriais em vossas presunções; toda a glória tal como esta é maligna".

Longe de enfatizar a importância de riquezas, a Bíblia nos adverte contra ir atrás de bens. Os crentes, principalmente os líderes da igreja (1 Timóteo 3:3), devem se livrar do amor ao dinheiro (Hebreus 13:5). O amor ao dinheiro leva a várias formas de mal (1 Timóteo 6:10). Jesus advertiu: "Acautelai-vos e guardai-vos da avareza; porque a vida de qualquer não consiste na abundância do que possui" (Lucas 12:15). Em grande contraste à ênfase da Palavra da Fé em ganhar dinheiro e ter muitas posses nessa vida, Jesus disse: "Não ajunteis tesouros na terra, onde a traça e a ferrugem tudo consomem, e onde os ladrões minam e roubam" (Mateus 6:19). A contradição irreconciliável entre o ensino do evangelho da prosperidade e o evangelho do nosso Senhor Jesus Cristo é resumido nas palavras de Jesus em Mateus 6:24: "Ninguém pode servir a dois senhores; pois odiará a um e amará o outro, ou se dedicará a um e desprezará o outro. Vocês não podem servir a Deus e ao Dinheiro."

Esses pressupostos justificam a elaboração desse trabalho cujo tema "a teologia da prosperidade e uma 'proposta' bíblica". O que questiona o que a Bíblia fala sobre prosperidade? Ainda nessa mesma ideia, tem o objetivo de mostrar o que a Bíblia fala sobre a prosperidade.

Para fundamentar o tema, elabora-se uma pesquisa bibliográfica, analisando site, revistas, artigos e livros dos seguintes teóricos: Armstrong (2001), Campos (1997), Corte (1996), Gomes (1994), Gondim (2001), Hagin (1996, 2000), Libânio (2000), Macedo (1985), Mariano (1999, 2005, 1996, 1995), Rodovalho (1999), Romeiro (199), Soares (1985), Storniolo (1992), Yancey (2000),

Com a bibliografia analisado foi possível dividir esse trabalho em três capítulos. No primeiro capítulo aborda sobre algumas considerações sobre a Teologia da Prosperidade, tratando da origem da Teologia da Prosperidade; as características da Teologia da Prosperidade; e a Teologia da Prosperidade no Brasil. No segundo capítulo trata sobre a Teologia da Prosperidade e a luz Bíblia. E por fim no terceiro, analisa uma proposta bíblica da Teologia da Prosperidade, abordado a graça e sua transmissão; e uma Teologia da Gratuidade; e Teologia da Gratuidade e o conteúdo de vida cristã.

Espera-se que ao término desse trabalho, possa estar abordando a contento sobre a Bíblia e a Teologia da Prosperidade.

CAPÍTULO I

ALGUMAS CONSIDERAÇÕES SOBRE A TEOLOGIA DA PROSPERIDADE

3.1. *A Teologia Da Prosperidade, origem*

Para falar sobre a Teologia da Prosperidade é preciso definir, antes o que é o movimento conhecido como Confissão Positiva, segundo Romeiro (1993, p. 6):

> *Confissão positiva é um título alternativo para a teologia da fórmula da fé ou doutrina da prosperidade promulgada por vários televangelistas contemporâneos, sob a liderança e inspiração de Essek Willian Kenyon. A expressão "confissão positiva" pode ser legitimamente interpretada de várias maneiras. O mais significativo de tudo é que a expressão "confissão positiva" se refere literalmente a trazer à existência o que declaramos com nossa boca, uma vez que a fé*

é uma confissão.

Para satisfação de alguns e espanto da maioria, o movimento da "confissão positiva" tem se alastrado na comunidade evangélica brasileira nos últimos anos. Conhecida popularmente como "Teologia da Prosperidade", essa corrente doutrinária ensina que qualquer sofrimento do cristão indica falta de fé. Assim, a marca do cristão cheio de fé e bem-sucedido é a plena saúde física, emocional e espiritual, além da prosperidade material. Pobreza e doença são resultadas visíveis do fracasso do cristão em pecado ou que possui fé insuficiente (CAMPOS, 1997).

Outros ensinos pouco ortodoxos caracterizam a confissão positiva, conhecida também como "evangelho da saúde e da prosperidade", "palavra da fé" ou ainda "movimento da fé".

Seus líderes apregoam que os humanos possuem a natureza divina, que consultar médicos ou tomar remédios é pouco recomendável para o cristão, que Jesus foi milionário e que a soberania de Deus é limitada pela vontade humana (ROMEIRO, 1993).

A Teologia da Prosperidade foi sistematizada nos Estados Unidos da América, na década de 1940, e importada para o Brasil somente na década de 1970. O ideal de prosperidade como significado de resolução de problemas dos mais variados tipos e formas existiu e existe de maneira adaptada e diferenciada em diversos contextos do imenso campo religioso brasileiro, a exemplo dos cultos afro e do catolicismo popular.

A Teologia da Prosperidade baseia-se "nas crenças sobre cura, prosperidade e poder da fé". Tais pressupostos estão presentes na mensagem religiosa, especialmente o tema "ser próspero". Esse, de forma recorrente e em momentos diversos, é enfatizado pelos clérigos, através da mensagem falada em diferentes cultos e, por excelência, nos Cultos de Prosperidade Bíblica. A Teologia da Prosperidade é também enfatizada em diferentes pregações e testemunhos veiculados através de programas de rádio e televisão, em programas de igrejas adeptas da ICMD, conforme os dados coletados na pesquisa (MARIANO, 1999).

Segundo o pensamento dos defensores da Confissão Positiva, a prosperidade está relacionada ao conceito de posse (GOMES, 1994), que por sua vez está associado às "leis da prosperidade", de Kenneth Copeland, discípulo de Kenneth Hagin. Nessas "leis", estimula-se o converso a confessar, decretar e determinar a posse de bênçãos espirituais e materiais por intermédio do "principio da reciprocidade" em que se estabelece uma relação simbólica e real de permuta entre a criatura e o Criador, entre o fiel e o Sagrado, no espaço religioso dessas igrejas. "Posse" é um significante presente no discurso de clérigos da ICMD e remete à Confissão Positiva (MARIANO, 1995).

Nesse aspecto, existem evidências de que a Teologia da Prosperidade reproduz diferentes funções da sociedade capitalista, inclusive a de projetar, por intermédio da ação discursiva pastoral entre os seus adeptos, a ideia de inserção ou relação de identificação com uma determinada classe que lhes possa suprir de referenciais de poder, *"status"* e prestígio entre aqueles que a utilizam como concepção religiosa transformada em "visão de mundo". Em relação a isso, André Corte afirma que a Teologia da Prosperidade, marcada por influências gnósticas, é também marcada por valores culturais do materialismo americano (CORTE, 1996).

A Teologia da Prosperidade aproveita-se de problemas que a igreja protestante no Brasil enfrenta, como pobreza, analfabetismo e falta de ética, bem como das esperanças pessoais de forma extremamente agressiva. Para melhor exemplificar isso, pode-se observar o seguinte anúncio, colocado em dois jornais que atendem a colônia brasileira da costa leste dos Estados Unidos da América, o *Brazilian Voice* e o *Brazilian Times*. O anúncio prometia solução para os seguintes casos, como publicado na revista Ultimato em 1993 (ULTIMATO, janeiro de 93, p. 14):

> *Desemprego, caminhos fechados, dificuldades financeiras, depressão, vontade de suicidar, solidão, casamento destruído, desunião na família, vícios (cocaína, crack, álcool, etc.), doenças incuráveis (câncer, AIDS, etc.), dores constantes (de cabeça, coluna, pernas), insônia, desejos homossexuais, perturbações espirituais (você vê vultos, ouve vozes, tem pesadelos, foi vítima de bruxaria, macumba, inveja ou olho grande), má sorte no amor, desânimo total, obesidade, etc. Sim, nós temos a solução para você!*

Dificilmente existe um problema conhecido pela humanidade que não esteja incluído nessa lista. A maioria das pessoas, à margem de uma sociedade estranha e capitalista, sentindo-se deslocada e alienada, ficaria curiosa para buscar maiores informações e, consequentemente, seria explorada pelos profetas dessa teologia.

3.2. Características da Teologia da Prosperidade

O protestantismo brasileiro possui raízes em dois movimentos conhecidos como protestantismo de imigração e de conversão. O primeiro durou do século XVI ao XIX, especialmente após a assinatura dos tratados comerciais assinados entre Portugal e Inglaterra que garantiam a liberdade de culto de protestantes ingleses, desde que não fizessem proselitismo.

Apesar de no século XIX ter havido algumas tentativas de instauração de missões oriundas, sobretudo, dos Estudos Unidos, como os presbiterianos e metodistas, estas não vicejaram devido à conjuntura política marcada pelo padroado e social caracterizada pela ausência de pluralidade religiosa, desestimulada desde o início da colônia, conforme assinala Gilberto Freyre (1963, p. 93).

Contudo, se, por um lado, os tratados de comércio com a Inglaterra, no início do século XIX, permitiram a entrada de colonos protestantes e a República extinguiu o padroado e instituiu a liberdade de culto, por outro lado, apenas a partir de meados do século XX começa a se tornar intenso no Brasil o processo de pluralização religiosa no interior do Cristianismo.

Ainda na década de 1940, a revista *Time* publicou uma reportagem retratando o panorama religioso no Brasil, a partir do livro de um missionário, J. Merle Davis, *How the Church Grows in Brazil*, e que participou, à época, do Conselho Missionário Internacional e relatou o crescimento do protestantismo no Brasil, contrapondo a dinâmica urbana à austeridade do meio rural (Sousa, 2011):

> *A imagem urbana é brilhante. As paróquias da cidade têm grandes concentrações de classe média, são financeiramente independentes, dirigem escolas modernas e realizam trabalhos sociais e de recreação. Na zona rural, o quadro é menos animador. Mesmo assim, Davis acredita que o futuro crescimento do protestantismo no Brasil se estende nas vastas áreas rurais intocadas. Mas, diz ele, o tipo urbano de igreja' falhará ali. No sertão do Brasil, diz Davis, as pessoas são... analfabetas [...], subnutridas, sofrendo de doenças endêmicas e parasitárias, ignorantes de princípios elementares de higiene, alimentação equilibrada, cuidados com os bebês... As casas são choupanas descobertas, as plantações são devastadas por pragas e os animais são dizimados por tuberculose...Quando os seminários teológicos do Brasil reconhecerem isto... para incluírem em sua grade curricular cursos*

> *de economia rural, sociologia rural, saúde*
> *pública, alimentação e nutrição, atividades*
> *juvenis, artesanato, enfermagem... finanças*
> *eclesiásticas... e ensino de oferta cristã, um*
> *novo dia começará*||.

A reportagem acima data de 1943. Desde fins do século XIX o protestantismo de missão, de raízes norte-americanas, penetrava nas cidades brasileiras e, em menor escala, no sertão. Contudo, foi a partir da década de 1950, quando a urbanização foi intensificada em diversas partes do interior do país, que a pluralização religiosa recrudesceu. Se o protestantismo tradicional, de bases essencialmente rurais, foi incapaz de atender à nova demanda religiosa subjacente a esse processo, o pentecostalismo o fez com mais prontidão, assumindo características diferenciadas de acordo com a região onde se estabeleceu.

A reportagem acima possui um elemento relevante para esta investigação: ela retrata a disparidade existente entre a classe média que frequentava igrejas nos centros urbanos com a situação de miséria social no sertão, que deveria ser superada não apenas com doutrinação religiosa, mas com trabalhos sociais que ensinassem higiene pessoal, agricultura e finanças, voltadas para a oferta cristã. Estaria inserido aqui um elemento embrionário da Teologia da Prosperidade e, mais do que isso, de trazê-la ao Brasil?

Embora seja difícil mapear a origem da Teologia da Prosperidade (a partir desse ponto, Teologia da Prosperidade), seus primeiros representantes começaram a disseminá-la entre as décadas de 1920 e 1940 nos Estados Unidos3. Entre eles os mais conhecidos são Essek William Kenyon (1867-1948) e Kenneth Erwin Hagin (1917-2003). Na obra deste último pelo fato de sua influência no Brasil ter sido maior. Sua teologia abrangia mais do que a ênfase na prosperidade, mas também em curas e visões sobrenaturais. Como veremos, no neopentecostalismo brasileiro estes três elementos quase sempre estão associados. Por esse destaque dado à cura de qualquer tipo de doença, é que um dos nomes da Teologia da Prosperidade nos EUA é *the health-and-wealth gospel*.

Mariano (2005, p. 151-152) destaca que a Teologia da Prosperidade apenas se consolidou como movimento doutrinário na década de 1970, quando, devido à influência de Kenneth Hagin, diversos grupos pentecostais norte-americanos passaram a difundi-la. Ele também afirma que Hagin inspirou-se em Essek W. Kenyon, tendo inclusive plagiado vários de seus escritos sobre cura divina e Confissão Positiva. O próprio Hagin, em seu livro —O Nome de Jesus‖ afirma ter lido Kenyon, teve o primeiro contato com seus livros dois anos após a morte deste, em 1950, admitindo inclusive que este seu livro fora baseado em outro de Kenyon, *The Wonderful Name of Jesus*. Hagin escreve ainda que lhe chamou a atenção o fato de ele ter falecido aos 81 anos sem nenhum tipo de doença e que trabalhava num ritmo que nem mesmo os jovens de sua equipe conseguiam acompanhá-lo. O livro contém várias citações de kenyon e é praticamente um comentário de sua obra.

O período que abarca as décadas de 1940 a 1970

foi, para os países do mundo desenvolvido, uma era de vertiginoso crescimento econômico (HOBSBAWM, 1995, p. 253s.). A ampliação dos meios de transporte, dos bens e serviços oferecidos a amplas parcelas das populações desses países e que antes estavam restritos a uma minoria e a revolução tecnológica (marcada pela expansão dos meios de comunicação, como o rádio e a televisão, da geração de energia e produção em larga escala de eletrodomésticos) incrementou consideravelmente o número de consumidores e a perspectiva de vida dessas pessoas. Com exceção dos países socialistas, o alcance desses eventos universalizou os valores e a dinâmica da economia capitalista.

O superaquecimento da economia americana no período fora seguido por outro, nos anos 1970, de recessão, ocasionada não apenas pela crise da OPEP, mas do sistema financeiro, pelo aumento da inflação, do déficit americano e do desemprego. Isso elevou a concentração de renda e o contingente de pobres (HOBSBAWM, 1995, p. 396s.). Naturalmente, as crises sazonais da economia conduzem a um clima de insegurança, sobretudo entre aqueles que são mais diretamente afetados por elas. Portanto, não é possível entender a TP sem uma compreensão adequada do contexto em que ela se solidificou como doutrina; a TP representou a adequação de determinados segmentos do protestantismo norte-americano tanto ao rápido crescimento da economia como também às flutuações desta e ao desejo de participar das riquezas deste mundo sem desvincular-se da religião ou ser censurado por ela. Por isso, o enriquecimento e a prosperidade, agora ao alcance de muito mais pessoas, representam tanto uma acomodação a este mundo, como também o resultado de concessões divinas4.

Nos EUA, a propagação da Teologia da Prosperidade esteve intimamente ligada à expansão do televangelismo. Armstrong (2001, p. 245) chama a atenção para o aumento das publicações e dos meios de comunicações de propriedade de protestantes após da década de 1950. Embora nem todos fossem teólogos da prosperidade, estes ganhavam cada vez mais notoriedade. Juntamente com Hagin, um dos maiores televangelistas do período e divulgadores da doutrina foi Oral Roberts (1918-2009), que se tornou conhecido com pregações sobre vida abundante e promessas de retorno financeiro —sete vezes maior que o valor ofertado‖ (MARIANO, 2005, p. 152). Armstrong (2001, p. 308) também comenta que suas curas pela televisão entusiasmavam milhares de fiéis. Ao longo de mais de seis décadas, Roberts aglutinou milhões de fiéis em vários países, fundou uma universidade e uma —cidade da fé‖ voltada para a área de medicina. Outros defensores da prosperidade foram Pat Robertson e o casal Jim e Tammy Faye Bakker, que recebiam amplas doações em seus programas e, convenciam-se de que Deus era a solução para os problemas da economia‖ (Armstrong, p. 309).

Hagin escreveu dezenas de livros, vários deles traduzidos para o Brasil pela Graça Editorial, editora da Igreja Internacional da Graça de Deus, liderada por R.R. Soares. Entre os principais está, Eu creio em visões‖, onde começa traçando uma autobiografia, do nascimento prematuro, com poucas chances de sobrevivência, passando pela adolescência introvertida e seguidas experiências de quase morte aos quinze anos devido a problemas cardíacos. Na narrativa, ele descreve sua ida e retorno do inferno, sua conversão ao protestantismo e a ênfase em um versículo que, segundo ele, mudara sua vida, em Marcos 11:24: Portanto, vos digo, aquilo que você desejar, quando orar, creia que o recebeu e o terá‖ (HAGIN, 1996). Depois descreve em detalhes como esse trecho o ajudou a acreditar na recuperação (cura) física e a evitar a morte. No restante do livro, ele relata visões e ensinamentos que recebeu de Jesus, e outras visões de anjos, do inferno e do céu.

A partir de então, Hagin (1996) passa a conviver com outras pessoas que acreditam e pregam a cura divina, tendo passado pela igreja batista, foi também pastor na Assembleia de Deus até 1949, até fundar sua própria igreja, ou ministério, Palavra da Fé‖, em 1962, que se tornou conhecido em vários países pelas pregações sobre cura, prosperidade financeira e o uso de palavras positivas inspiradas na Bíblia para mudar situações adversas (daí o nome, Confissão Positiva‖ atribuída ao movimento cujos adeptos acreditam em sua eficácia). Ele também possuiu um programa de rádio que abrangia todo o território dos Estados Unidos e mais de cem outros países, fundou um centro de treinamento conhecido como RHEMA e uma associação internacional de mesmo nome.

Ricardo Mariano é um dos sociólogos da religião no Brasil que afirma que a Teologia Prosperidade propõe uma barganha do fiel com Deus, na medida em que ele paga dízimos e ofertas em troca de bênçãos. Esse tipo de relação já está explícito na obra de Hagin. Em outro livro, Jesus, a porta aberta‖, ele afirma que o pagamento de dízimos e ofertas é imprescindível para que Deus abra as portas do céu e derrame bênçãos sobre o fiel (HAGIN, 2000a, p. 121 et. seq.). O sovado texto de Malaquias capítulo três é sempre usado como base para a afirmação.

Ele disserta que a redenção trazida por Cristo inclui também bênçãos financeiras. Para isso, além de entregar dízimos, o fiel deve proferir palavras com fé para adquirir o que deseja. Um dos pressupostos da Teologia da Prosperidade é que a realidade material pode ser alterada por meio de palavras proferidas com fé. Para isso são usados termos como reivindicar, determinar, profetizar‖ como forma de lembrar/pressionar Deus a atender aos desejos do fiel. Um dos livros em que trata disso se chama, Pensamento certo ou errado. No primeiro capítulo, após falar da importância do, pensar certo‖ e definir, Confissão Positiva‖, Hagin (2000b, p. 10) afirma:

> *Se a nossa maneira de pensar não estiver certa, de acordo com essas diretrizes, nossa crença estará errada. Então, nossa conversa será errada, e seremos confundidos e derrotados. Precisamos compreender o que a Palavra de Deus pode fazer por intermédio dos nossos lábios.*

No Brasil, o neopentecostalismo importou e TP alterando substancialmente a configuração do campo protestante no país. A influência de autores como Hagin foi notável sobretudo através de R.R Soares. Mais recentemente, a emergência de outros televangelistas como Silas Malafaia tornaram conhecidos ao mercado evangélico brasileiro outros teólogos da prosperidade como Morris Cerullo e Mike Murdock. As igrejas neopentecostais brasileiras assimilaram a confissão positiva e todos os demais elementos que acompanham a Teologia da Prosperidade, adotando discursos que tem sido amplamente aceitos por praticamente todos os segmentos da sociedade, assunto para o qual nos voltaremos agora.

3.3. *A Teologia da Prosperidade no Brasil*

A Teologia da Prosperidade inicia sua trajetória no Brasil no final dos anos 1973. Desde então penetrou em muitas igrejas e diversos ministérios para-eclesiásticos: Igreja Universal do Reino de Deus, Igreja Internacional da Graça de Deus, Renascer em Cristo, Comunidade Evangélica Sara Nossa Terra, Nova Vida, Bíblica da Paz, Cristo Salva, Cristo Vive, Ministério Palavra da Fé, Missão Shekinah, ADHONEP (Associação dos Homens de Negócio do Evangelho Pleno), CCHN (Comitê Cristão de Homens de Negócios).

Naturalmente, cada instituição, cada liderança pastoral deglutirá, trabalhará e transmutará de diferentes modos às doutrinas deste "novo Evangelho", enfatizando determinados aspectos, ora deixando outros de lado, por desconhecimento, por desinteresse, por falta de coerência lógica, por recusa de pontos mais controversos ou claramente atentatórios contra crenças e princípios bíblicos tradicionalmente consensuais nos meios cristãos evangélicos.

Por seu rápido crescimento e pela ênfase que dão à prosperidade financeira, duas denominações serão aqui abordadas em maior profundidade: Igreja Universal e Igreja da Graça.

Ambas adotam várias crenças da Teologia da Prosperidade, dentre elas a que afirma, segundo Soares (1985, p. 141). que o "plano de Deus para o homem é fazê-lo feliz, abençoado, saudável e próspero em tudo". Colocados os termos deste modo, não provocam muita controvérsia. Mas a coisa é mais complexa. Os pregadores da Teologia da Prosperidade dizem que só não é próspero financeiramente, saudável e feliz nessa vida quem carece de fé, não cumpre o que diz a Bíblia a respeito das promessas divinas e está envolvido, direta ou indiretamente, com o Diabo.

A posse, a aquisição e a exibição de bens, a saúde em boas condições e a vida sem grandes problemas ou aflições são apresentadas como provas da espiritualidade do fiel. Muitos líderes pentecostais veem tais crenças com maus olhos, tanto por razões teológicas quanto pelo fato de que a maioria de seus fiéis são escancaradamente pobres. As doutrinas da Teologia da Prosperidade também são acusadas de atentar contra a soberania de Deus, dado que seus adeptos são instruídos a estabelecer relações com o Todo-Poderoso em que, segundo Romeiro (1993, p. 36), os "verbos como exigir, decretar, determinar, reivindicar frequentemente substituem os verbos pedir, rogar, suplicar". Piores ainda, na ótica de outros segmentos evangélicos, são as orientações de "dar (dinheiro) para receber" (bênçãos) propostas insistentemente nestas igrejas, visando aumentar o contingente de dizimistas e arrecadar maiores volumes de ofertas.

A Teologia da Prosperidade está operando e promovendo forte inversão de valores no sistema axiológico pentecostal. Faz isto ao enfatizar quase que exclusivamente o retorno da fé nesta vida, pouco falando a respeito da principal promessa do cristianismo e, tradicionalmente, do pentecostalismo: a salvação após a morte. Além de que, em vez de valorizar temas bíblicos tradicionais de martírio, auto-sacrifício, isto é, a "mensagem da cruz", que apregoa o ascetismo (negação dos prazeres da carne e das coisas deste mundo) e a perseverança dos justos no caminho estreito da salvação, apesar do sofrimento, das injustiças e perseguições promovidas pelos ímpios contra os cristãos, a Teologia da Prosperidade valoriza a fé em Deus como meio primordial de obter felicidade, saúde física, riqueza e poder terrenos. Em vez de glorificar o sofrimento, tema caro ao cristianismo, enaltece o bem-estar do cristão neste mundo. Este bem-estar não será alcançado através da luta coletiva e política, como propõem as CEBs, mas por meio de mediações puramente religiosas. Tais proposições não configuram propriamente a defesa de um hedonismo de cunho evangélico. Antes, os neopentecostais defendem que, no mundo, o verdadeiro cristão está predestinado à "vitória", sendo "mais que vencedor" em todas as esferas da vida. Ressalvam, porém, que o homem deve colocar seu coração primeiro em Deus e na sua obra, depois nas coisas materiais, como se isto fosse possível no âmbito desta teologia tão profundamente comprometida com a ideologia da sociedade de consumo.

A despeito de serem majoritariamente pobres, os pentecostais nunca fizeram elogios nem atribuíram significado redentor à pobreza (Loreto, 1994, p. 158-59 *apud* Mariano, 1996). Não a reconheciam como uma virtude cristã. Antes, ansiavam superá-la no paraíso, já que viam este mundo como um vale de tormentos e sofrimentos (McAlister, 1978.)
Também não se consideravam, pelo simples fato de serem pobres, necessariamente, herdeiros preferenciais

do Reino dos Céus. Por outro lado, não associavam a posse de bens terrenos à detenção de maior espiritualidade. Na realidade, resignados no ascético "caminho estreito", sempre desvalorizaram, ao menos na retórica, a busca de riquezas e alegrias deste mundo.

A Teologia da Prosperidade subverte radicalmente isto, prometendo prosperidade, redenção da pobreza nesta vida. Ademais, na Teologia da Prosperidade a pobreza significa falta de fé, algo que desqualifica qualquer postulante à salvação. Segundo os pregadores da Teologia da Prosperidade, Jesus veio ao mundo pregar o Evangelho aos pobres justamente para que eles deixassem de ser pobres. Da mesma forma, Ele veio pregar aos doentes porque desejava curá-los. Deus não é sádico. Ele tem grande prazer no bem-estar físico e na prosperidade material de seus servos. O contrário não faz nenhum sentido bíblico. Os reais servos de Deus não são nem nunca serão párias sociais. Durante muito tempo o Diabo obscureceu a visão dos crentes a respeito destas verdades, mas agora, conscientes da ardileza satânica, eles começam a tomar posse das promessas divinas.

Para os defensores da Teologia da Prosperidade, a expiação do Cordeiro libertou os homens da escravidão do Diabo e das maldições da miséria, da enfermidade, nesta vida, e da segunda morte, no além. Os homens, desde então, estão destinados à prosperidade, à saúde, à vitória, à felicidade. Para alcançar tais bênçãos, garantir a salvação e afastar os demônios de sua vida, basta o cristão ter fé incondicional em Deus, exigir seus direitos em alta voz e em nome de Jesus e ser obediente a Ele acima de tudo no pagamento dos dízimos.

CAPÍTULO II

"TEOLOGIA" DA PROSPERIDADE

E A LUZ BÍBLIA

Marcos 11:24. "Por isso, vos digo que tudo quanto em oração pedirdes, crede que recebestes, e será assim convosco". Esse versículo deve ser lido em equilíbrio com outro, que é I Jo 5:14: "... esta é a confiança que temos para com ele, que, se pedirmos alguma coisa segundo a sua vontade, ele nos ouve." João diz que Deus realmente dá o que se pede, contanto que seja a Sua vontade. Deus não é nem o Papai Noel nem muito menos o Gênio da Lâmpada (que chamava Aladim de "amo e senhor"), não, Ele é o Senhor, e é Sua vontade soberana que determina o que Ele dará ou não. A questão é que os defensores da teologia da prosperidade e da confissão positiva dizem que sempre é vontade de Deus curar e dar riqueza, e citam como prova os demais versículos que serão discutidos abaixo. O fato, contudo, é que a vontade de Deus é insondável, oculta em sua maior parte aos seres humanos. Ninguém, exceto por muita presunção, pode dizer que conhece a vontade de Deus em todos os casos. Seus caminhos não são os nossos e Seus pensamentos também não são os nossos (Is 55:8). Seus juízos e Seus caminhos são inescrutáveis e insondáveis, como bem lembra Paulo em Romanos 11.

Isaías 53:4, citado em Mateus 8:17 e I Pedro 2:24

curou todos os que estavam doentes; para

> *que se cumprisse o que fora dito por intermédio do profeta Isaías: Ele mesmo tomou as nossas enfermidades e carregou com as nossas doenças. ... carregando elemesmo em seu corpo, sobre o madeiro, os nossos pecados, para que nós, mortos para os pecados, vivamos para a justiça; por suas chagas, fostes sarados.*

Os "teólogos" da prosperidade e da confissão positiva dizem que a passagem de Isaías, citada de novo em Mateus e I Pedro, provaria que Deus deve sempre curar, já que Cristo já levou nossas dores e enfermidades.

Tenta-se, então, levar esse pensamento às suas consequências lógicas. Se Cristo levou todas as dores (o que é fato), e se as implicações plenas disso valessem para nós na presente era (o que questiono aqui), não deveria sequer morrer, já que Ele também levou sobre Si a dor da morte.

Também jamais deveria haver perseguição aos cristãos por causa do Evangelho, já que Jesus também levou essa dor sobre Si. Mas, pelo contrário, a realidade da morte é reconhecida em toda a Bíblia como o curso normal da humanidade, maculada como é pelo pecado. Não somente isso, todo tipo de enfermidade deveria ser curada – no entanto, nunca se ouve relatos de curas de amputados, por exemplo (ainda que ouvíssem, afinal

Deus também é poderoso para curar esse tipo de mal, isso não provaria nada). Assim, essa interpretação de Isaías 53 dada pelos teólogos da prosperidade não se harmoniza com a realidade dos fatos, nem a nossa nem muito menos a dos escritores bíblicos.

Como se deve entender, então, o versículo de Isaías? Basta colocá-lo dentro do contexto de toda a Bíblia, que diz que o homem foi expulso do Éden, e a Árvore da Vida ficou do "outro lado da porta" (até que ponto é uma árvore literal ou simbólica não faz a menor diferença neste caso). Acontece que apenas em Apocalipse, na Nova Jerusalém, é que o homem terá novamente acesso àquela árvore que é "para a cura de todas as nações". Até então, Deus disse que a terra produziria "cardos e abrolhos". É num mundo assim que vive, e não há distinção entre crentes e incrédulos, afinal Deus manda a chuva sobre justos e injustos (Mt 5:45). Na verdade, até o Novo Testamento menciona doenças que não foram curadas milagrosamente, como o caso de Timóteo (I Tm 5:23), que recebeu do apóstolo Paulo o conselho de tomar vinho por causa das suas "frequentes enfermidades" no estômago.

Mas, se Is 53:4 só se aplicará plenamente na Nova Jerusalém, por que esse versículo é citado em Mateus, sendo cumprido aqui na terra? O que acontece, neste caso, é que os seres humanos tiveram um "aperitivo" dos efeitos de Isaías 53 quando Jesus esteve fisicamente aqui. É bíblico dizer que o Reino de Deus já chegou (Mt 3:2), porém ainda não na sua plenitude (tanto é que, como já foi dito, nós ainda morremos, ainda pecamos, ainda sentimos dores etc.).

Contudo, quando o Rei esteve fisicamente aqui, pode provar um pouco dessa plenitude. Analisando bem, Jesus ressuscitou apenas umas duas ou três pessoas: quantos mortos havia nos cemitérios judeus na época?

Quantos enfermos havia no tanque de Betesda, onde Jesus provavelmente só curou um? Mateus cita Isaías 53 porque o que possibilitou que as curas de alguns se tornassem reais é que Jesus já pagou pelo nosso pecado. Se Ele não tivesse levado sobre si as dores, nenhuma cura teria sido realizada quando Jesus veio. Mas Ele não curou 100% dos enfermos, tampouco ressuscitou 100% dos mortos. Isso só vai acontecer na segunda vinda, quando o Reino de Deus vier na sua plenitude.

E quanto a I Pedro? Coloquem a citação em I Pedro dentro do contexto, e veremos que o apóstolo falava da cura do pecado (ou seja, saúde espiritual) e não de saúde física.

João 14:12, "Em verdade, em verdade vos digo que aquele que crê em mim fará também as obras que eu faço, e outras maiores fará, porque eu vou para junto do Pai". O versículo acima tem sido citado para dizer que nós podemos e devem fazer a mesma quantidade e os mesmos milagres que Jesus fez, portanto, indo contra a tese de que a presença física de Jesus na terra foi um pré cumprimento dos benefícios plenos de Is 53:4. Se nós faremos as mesmas obras de Jesus, dizem eles, nada mudou desde que Jesus subiu aos céus.

Cabe aqui um esclarecimento. Depois que Jesus

ressuscitou e subiu aos céus, realmente continuaram acontecendo milagres, e creio eu que aconteçam até hoje. Porém, estes não acontecem na mesma intensidade e frequência que no tempo em que Jesus esteve fisicamente aqui. Não é todo dia que vê alguém caminhando sobre as águas, uma tempestade sendo acalmada com uma palavra, mortos ressuscitando, cegos vendo e outros sinais dessa grandeza. Quando Jesus subiu aos céus, essas coisas se tornaram bem menos frequentes e, ouso dizer, depois que morreram os apóstolos, ficaram ainda bem mais raras. Mas Deus não é o mesmo ontem, hoje e sempre?

Ele é, mas isso não o obriga a agir sempre da mesma forma, e a evidência maior disso é que temos várias alianças diferentes na Bíblia, feitas entre Ele e os homens.

Entende-se, portanto, o que representam os milagres na história do cristianismo. Em II Co 12:12, Paulo deixa claro que os "sinais, prodígios e poderes miraculosos" eram suas "credenciais" como apóstolo. Em outras palavras, essas coisas distinguiam os cristãos comuns dos apóstolos, que eram aqueles que haviam recebido sua missão diretamente do Senhor e sobre o fundamento dos quais a igreja estava edificada. Por outro lado, em I Co 12:28, Paulo também fala de dons de milagres e dons de curas, dados a pessoas que não eram apóstolos. Ainda assim, os dois versos seguintes deixam claro que, assim como não são todos apóstolos, também não são todos que possuem esses dons. Tais dons existem e são para a edificação da igreja, mas não dados a todos os cristãos e nem têm a finalidade de fazer as vontades. Vale lembrar que eles são distribuídos conforme a soberania de Deus, que cura e realiza milagres quando quer. Nem mesmo Jesus curou todos os enfermos do seu tempo. Mas alguém pode dizer: "Jesus não curou todos aqueles que o buscaram corretamente?" Com certeza, só que o ato de buscar a Jesus é algo que primeiramente o próprio Deus coloca no coração do homem, em Sua soberania.

Voltando então a João 14:12, o que significa "farão obras ainda maiores que as que faço"? Primeiro, Jesus não se refere necessariamente aos milagres, uma vez que não usou qualquer uma das três palavras gregas comumente usadas para designá-los no Novo Testamento (traduzidas quase sempre como "sinais, prodígios e maravilhas", como em II Co 12:12). Segundo a interpretação mais sólida dessa frase é aquela que leva em conta que as "obras" de Jesus tinham e têm por finalidade fazer a vontade do Pai e proclamar o Reino de Deus. Aí fica fácil entender: Jesus levou a mensagem do Evangelho ao povo de Israel, e a igreja já levou a mesma mensagem até os confins da terra.

João 10:10b, "eu vim para que tenham vida e a tenham em abundância". Os teólogos da prosperidade dizem que "vida em abundância" que Jesus veio para que se tenha é uma vida de riqueza material e saúde. Será? O que pensariam disso os mártires, que, ao contrário da riqueza, ganharam como "prêmio" pela sua fidelidade o sacrifício da própria vida pelo Evangelho? O que pensaria disso aquele missionário que abandonou tudo para viver entre uma tribo selvagem da África, pegou malária e nunca ficou rico, mas por outro lado pregou o Evangelho para aqueles que nunca tinham ouvido falar em Jesus? O que pensaria disso aquela viúva pobre que deu as duas últimas moedas e que, pelo menos pelo relato bíblico, não consta que tenha ficado rica? O que pensaria disso aquela senhora pobre da igreja que tem sempre a casa aberta para receber pessoas em necessidade e sempre tem uma palavra de consolo?

O que pensaria Paulo, que passou por inúmeras situações desfavoráveis, até mesmo fome (Fp 4:12)? Será que essas pessoas seriam consideradas como de "vida abundante" pelos teólogos da prosperidade? Por outro lado, será que eles consideram os ricos e poderosos do nosso mundo, incluindo aí criminosos e vários políticos desonestos, como pessoas de "vida abundante"?

Marcos 10:29 (e passagens paralelas: Mateus 19:29 e Lucas 18:29,30)

> *Tornou Jesus: Em verdade vos digo que ninguém há que tenha deixado casa, ou irmãos, ou irmãs, ou mãe, ou pai, ou filhos, ou campos por amor de mim e por amor do evangelho, que não receba, já no presente, o cêntuplo de casas, irmãos, irmãs, mães, filhos e campos, com perseguições; e, no mundo por vir, a vida eterna.*

Creio que ninguém, em sã consciência, interpreta aquilo tudo literalmente. Se alguém levar o versículo inteiro ao pé da letra, será um pervertido sexual com centenas de filhos (e de mulheres também, se seguirmos a passagem paralela de Lucas) ... Jesus falou aquilo para os discípulos. Não consta que Pedro e os demais tenham se tornado milionários depois de abandonar tudo para seguir Jesus – pelo contrário, a maioria deles se tornou mártires. Pedro, por exemplo, continuou vivendo como pescador, e ainda ganhou a "vida abundante" morrendo numa cruz de cabeça pra baixo (se é que é verdade essa história sobre a forma como o apóstolo morreu).

O que Jesus disse é que, se você abrir mão do que tem, vai ganhar uma nova família, vai pertencer à Igreja, ao corpo de Cristo, sua nova família, que representa 100 vezes mais mães, pais, filhos e casas. E, de brinde, ainda vai ganhar perseguições. Aliás, eu me pergunto, por que nenhum desses pregadores da prosperidade cumprem a primeira parte do versículo, que fala sobre abandonar tudo (isso eles só recomendam para as suas ovelhas, que abandonem tudo nas contas bancárias deles), ou ainda o que está um pouco antes, no verso 21, quando Jesus diz ao jovem rico que este deveria vender todos os seus bens e dar o dinheiro aos pobres?

II Coríntios 8:9, "pois conheceis a graça de nosso Senhor Jesus Cristo, que, sendo rico, se fez pobre por amor de vós, para que, pela sua pobreza, vos tornásseis ricos". Citado fora do contexto, esse versículo parece indicar que Jesus se tornou pobre para que todos os cristãos se tornassem ricos.

Comecemos a ler o capítulo 8, no entanto, e vê que Paulo elogia a igreja dos macedônios, que era pobre, e dá um "sabão" na igreja dos coríntios, que era rica. A igreja que era pobre era a mais generosa (o que já contraria a teologia de que ofertar é "semear bens materiais", uma vez que eles eram liberais e continuavam pobres), enquanto que a igreja rica era amais avarenta.

Paulo então repreende os coríntios, e os exorta a serem como Jesus, que era rico e se fez pobre. Se eles eram ricos, é porque um dia Cristo se fez pobre, e eles deveriam fazer o mesmo em prol do sustento de Paulo e outros apóstolos/missionários, abrindo mão de sua riqueza. Não está escrito ali que Cristo se fez pobre para todos os cristãos fossem ricos (tanto é assim que os macedônios ainda eram pobres, e não era por causa de falta de generosidade).

O que está escrito é que, se os coríntios eram ricos, era por causa da misericórdia de Cristo, que abriu mão da Sua própria riqueza em prol deles.

III João 2, "Amado, acima de tudo, faço votos por tua prosperidade e saúde, assim como é próspera a tua alma". Sabe-se que Jesus prometeu perseguições (citando, de novo, Mc 10:29). No entanto, quem tem o costume de escrever "desejo que você seja perseguido"?

Mesmo que seja uma certeza da Palavra de Deus as perseguições por causa do Reino, ninguém as deseja, e isso é perfeitamente natural. O desejo é saúde e prosperidade – agora, se Deus deseja dar isso para nós ou não, cada caso é um caso, e vai depender da soberania divina. Eu desejo saúde para todos os que amo (assim como o apóstolo João desejava a prosperidade do destinatário daquela carta), mas não tenho certeza se essa é a vontade de Deus. Se Ele quiser, na Sua vontade soberana, que alguém morra como mártir ou morra de câncer, essa pessoa tem que dizer como Jó,

> *o Senhor deu, o Senhor tirou, bendito seja o nome do Senhor". Escreve-se que o que eu desejo é saúde para quem quer que seja. Foi isso que João escreveu para seu destinatário, mas não necessariamente aquilo era a vontade de Deus. Não faria sentido João ter escrito "desejo perseguições pra você.*

Marcos 11:22,23 "Ao que Jesus lhes disse: Tende fé em Deus; porque em verdade vos afirmo que, se alguém disser a este monte: Ergue-te e lança-te no mar, e não duvidar no seu coração, mas crer que se fará o que diz, assim será com ele".

Esse ensinamento de Jesus é usado para justificar o ato de falar com as enfermidades, e ainda o uso de verbos como "decretar" ou "determinar", que são verbos perfeitamente adequados para estarem na boca do Deus Todo-Poderoso, mas nunca de criaturas finitas e falíveis.

Alguns exemplos bíblicos de pessoas falando para as coisas ou executando algum ato e algo acontecendo por causa disso. O caso de Jesus, que repreendeu a tempestade e o mar se acalmou, e ainda repreendeu a febre da sogra de Pedro (Lc 4:39). Acontece que Jesus, mesmo assumindo forma humana, nunca deixou de ser Deus. Mesmo assim, os casos de pessoas comuns fazendo algo semelhante: Moisés colocou o cajado no mar e este se abriu (Nm 14:16,21); recebeu ordem de

Deus para apenas falar com a rocha e esta soltaria água (Nm 20:8); Pedro mandou o coxo se levantar e este foi curado (At 3:6), entre outras coisas. Será, então, que isso significa que podemos fazer o mesmo apenas tendo fé? Depende: fé em quê?

O verso 22 diz "tende fé em Deus". Ter fé em Deus significa acreditar no que Deus falou. Foi Deus que falou com Moisés para falar com a rocha, que colocou no coração de Pedro a certeza de que o coxo seria curado, que falou que abriria o mar... Se Deus falar com certeza que uma montanha sairá do lugar, pode falar com ela que ela sai. Caso contrário, vai tudo continuar como está.

Essa passagem não é, portanto, uma carta branca para sair por aí "decretando" e "determinando" as coisas, mas, antes, é um convite a acreditar em tudo que Deus falar – se Ele falar, vai acontecer. Quem decreta e determina é Deus, só podemos proclamar o que Ele já decretou e determinou.

Lucas 6:38a "dai, e dar-se-vos-a; boa medida, recalcada, sacudida, transbordante, generosamente vos darão. Trata-se de mais um texto usado fora do seu contexto, principalmente pelos que gostam de dizer que as contribuições financeiras para a obra de Deus são uma espécie de barganha, que rende bens materiais para quem as dá. O argumento de Jesus começa no verso 27. "Amem os inimigos, ofereçam a outra face, bendigam (mesmo aqueles que os maldizem), deem a quem pede etc." No verso 31, Jesus arremata: "façam com os outros o que gostariam que os outros façam com vocês". Se assim fiz, se tratar bem as pessoas, se der as coisas para aliviá-las quando tiverem necessidade, a consequência lógica é que também elas nos socorrerão quando precisar-se e nos darão medida plena, recalcada, transbordante... Se, por outro lado, as julgar com severidade (verso 37), seremos julgados assim também. É a lei da semeadura e da colheita. Tratem os outros bem e vocês receberão o mesmo em troca, e isso não tem nada a ver com dar ofertas à igreja em troca de bênçãos materiais.

Mateus 16:19, Mateus 12:29 e Marcos 3:27

> *Dar-te-ei as chaves do reino dos céus; o que ligares na terra terá sido ligado nos céus; e o que desligares na terra terá sido desligado nos céus". "Ou como pode alguém entrar na casa do valente e roubar-lhe os bens sem primeiro amarrá-lo? E, então, lhe saqueará a casa. Ninguém pode entrar na casa do valente para roubar-lhe os bens, sem primeiro amarrá-lo; e só então lhe saqueará a casa.*

Essas passagens são usadas para justificar a expressão "tá amarrado em nome de Jesus", ou qualquer outro ritual para "amarrar" os demônios (em algumas versões em inglês "ligar", em Mateus 16, é "bind", ou seja, "amarrar").

Também são usadas para justificar doutrinariamente uma suposta "legalidade" que o diabo e os demônios teriam para agir. Em outras palavras, na teologia da prosperidade e da confissão positiva, quem dá poder para os demônios agirem (ou tira esse poder) são as pessoas e não Deus. Deus só observaria, passivo, as atitudes das pessoas, que neste caso dão ou tiram o poder para que os seres espirituais ajam. A soberania de Deus, assim, se torna um mero detalhe, e Deus, de supremo controlador e sustentador de todas as coisas, passa para o posto de mero expectador, sendo constantemente ameaçado pelas forças do mal e precisando constantemente ser defendido por ninguém menos as criaturas com o poder de "amarrar" os demônios.

Primeiramente, é preciso mencionar que a gramática de Mt 16:19 não diz que nós "amarramos" ou "ligamos" na terra e só então se "amarra" ou "liga" algo nos céus, mas exatamente o contrário. O tempo verbal grego, literalmente traduzido, é: "tudo que ligardes na terra terá sido ligado no céu". "Terá sido" implica que primeiro foi ligado no céu, para só então nós ligarmos na terra. Em outras palavras, primeiro no céu, depois na terra, essa é a ordem, como qualquer outra coisa que Deus faz: primeiro Deus toma a iniciativa, depois o homem segue o que Ele decretou. Esse entendimento acaba com o orgulho humano, uma vez que tira do homem qualquer possibilidade de mudar a Deus, que por falar nisso é imutável e sem qualquer sombra de variação (Tg 1:17). É verdade que Tiago diz que a oração do justo é eficaz, mas curiosamente o exemplo dado por ele foi o de Elias orando para não chover (Tg 5:17,18).

Não pare agora... Tem mais depois da publicidade ;)

Quem, afinal, colocou no coração de Elias o desejo de orar para que não chovesse, foi o próprio Elias que convenceu a Deus ou foi Deus que moveu o profeta? Em segundo lugar, vale lembrar que o texto de Mateus não tem absolutamente nada a ver com "amarrar demônios".

Quanto aos textos sobre "amarrar o valente", é importante entender que Jesus não estava ensinando táticas para derrotar demônios, mas fazia apenas uma analogia entre um ladrão que invade uma casa e amarra o dono para poder roubar e aquele que expulsava os demônios (no caso, Ele próprio). Jesus havia sido acusado de expulsar demônios por ser o maioral deles, e usou dessa analogia para explicar que não fazia sentido expulsá-los sendo um deles, assim como não fazia sentido invadir uma casa sem amordaçar (ou amarrar) o dono desta. Além do mais, ainda que Jesus estivesse ensinando a amarrar demônios, quem disse que isso se faz gritando uma frase mágica?

Nunca é demais lembrar, também, que Jesus e os apóstolos só expulsaram demônios quando estes se apossavam das pessoas, eles nunca os expulsaram de um determinado lugar, como fazem alguns hoje.

Mateus 13:58 e Marcos 6:5,6 "E não fez ali muitos milagres, por causa da incredulidade deles. Não pôde fazer ali nenhum milagre, senão curar uns poucos enfermos, impondo-lhes as mãos. Admirou-se da incredulidade deles". Segundo os proponentes da teologia da prosperidade e da confissão positiva, o poder de Jesus está limitado pela nossa fé. Quanto mais fé tiver, dizem eles, mais poder Jesus terá, e a prova seria essas passagens, que dizem que Jesus "não pôde fazer muitos milagres em Nazaré por causa da incredulidade das pessoas". Mais uma vez, Deus é privado da Sua soberania, já que só pode agir se os seres humanos permitirem.

O sentido dessas passagens, no entanto, fica claro quando entendemos para que serviam os milagres de Jesus. Um dos termos gregos usados para "milagre", embora não seja o que foi usado nessas passagens, mas é muitas vezes usado indistintamente em outras, significa "sinal". Um sinal é algo que se faz para que alguém veja e creia, ou seja, é como se fosse uma prova jurídica.

Esse é o termo preferido pelo evangelista João para se referir aos milagres de Jesus. Em Jo 20:30,31, está escrito: "Na verdade, fez Jesus diante dos discípulos muitos outros sinais que não estão escritos neste livro. Estes, porém, foram registrados para que creiais que Jesus é o Cristo, o Filho de Deus, e para que, crendo, tenhais vida em seu nome."

Em Lucas 4, tem um relato mais detalhado da ida de Jesus a Nazaré e da incredulidade das pessoas de lá, que chegaram ao ponto de tentar matá-lo. A pergunta óbvia que se faz é, por que Jesus iria desperdiçar sinais com pessoas que não estavam dispostas a crer? Não, Jesus não teve seus poderes limitados pela incredulidade do povo, simplesmente não quis fazer sinais se estes não serviriam para nada.

Deuteronômio 28:1-14, Gênesis 39:3, Êxodo 15:26, Josué 1:8, I Crônicas 22:13, II Crônicas 26:5, Salmo 1:3, Salmo 25:13, Salmo 112:1-3 etc.

São as únicas passagens bíblicas ou que prometem prosperidade para quem obedecer ao Senhor ou que relatam que alguém prosperou por causa disso. Não é por acaso que todas elas estão no Antigo Testamento. Na Nova Aliança, não há qualquer promessa de que quem for fiel aos mandamentos de Deus prosperará materialmente ou não estará sujeito às doenças que atingem os demais seres humanos. Assim como, na Velha Aliança, não havia qualquer "promessa", como há no caso da Nova, de que quem servisse ao Senhor seria perseguido por causa da justiça – mesmo assim, vale lembrar que vários personagens do Antigo Testamento foram perseguidos, como Elias, Daniel e Jeremias.

O fato é que Deus se relaciona com as pessoas por meio de alianças. Estas alianças são feitas conforme o nível de maturidade espiritual na qual a humanidade se encontra. Exemplificando, ninguém trata o filho de 5 anos da mesma forma que trata o que tem 25. Quando o filho pequeno pede uma bala, o pai dá. Quando o filho adulto pede a mesma coisa, geralmente a resposta é "vá trabalhar" ... No Antigo Testamento, Deus tratava as pessoas como um pai trata um filho pequeno: obedeça, seja fiel, que você ganhará muitas recompensas, será feliz, suas colheitas nunca falharão, você será rico, sua mulher nunca será estéril (nem suas vacas), sua saúde será perfeita.

Desobedeça, e os céus não enviarão a chuva, as crias das suas vacas abortarão, seus inimigos o perseguirão... No Novo Testamento, por outro lado, depois que Jesus se humilhou e se esvaziou, tendo se tornado pobre mesmo sendo o criador de tudo e o dono de todo o ouro, Deus passou a tratar a humanidade como um pai que se relaciona com um filho maduro, ou seja, na base do amor e não mais das recompensas. A humanidade já estava madura para entender que deve se relacionar com Deus apenas pelo que Ele é, sem buscar bênçãos materiais e saúde em troca e sem obedecer só pelo medo da punição. Na Nova Aliança, as doenças já não são necessariamente punição pela desobediência, mas muitas vezes podem até ser bênção, já que é em meio à fraqueza que o poder de Deus se aperfeiçoa.

O mais interessante é ver que, ainda na Antiga Aliança, muitos já tinham entendido essa verdade, principalmente no caso dos profetas que foram perseguidos. Notem como é tocante a oração de Habacuque: "ainda que a figueira não floresça, que falte tudo, que todas as colheitas falhem, eu contudo me alegrarei no Senhor" (Hc 3:17,18), ou ainda a forma como Jó, pelo menos no início, reage à perda de tudo: "o Senhor deu, o Senhor tirou, bendito seja o nome do Senhor" (Jó 1:21). Por mais absurdo que possa parecer, um defensor da teologia da prosperidade uma vez me disse que Jó errou por não buscar a cura.

Salmo 103:3 "Ele é quem perdoa as tuas iniquidades; quem sara as tuas enfermidades". Davi estava num momento de alegria em que, provavelmente, tinha acabado de ser curado de uma doença, possivelmente a mesma referida nos salmos 51, 32 e 38, por causa do seu pecado. Ele diz à sua própria alma que seja grata ao Senhor, que é quem cura de todas as enfermidades. Só que Ele cura quando e como quer, e ainda assim se quiser. Eu concordo com Davi, Deus cura tudo (inclusive amputações!), mas só quando quer. Quando Ele diz não, eu me contento com o fato de que o poder dEle se aperfeiçoa na minha fraqueza, na minha enfermidade, na minha tristeza. Aliás, quando Paulo diz em II Co 12:10 que "sente prazer nas fraquezas", a palavra grega usada para "fraquezas" é exatamente a mesma usada em Mt 8:17 – ou seja, as fraquezas nas quais Paulo sentia prazer eram as mesmas que Jesus levou sobre Si. Por que os teólogos da prosperidade nunca mencionam isso? Será que eles não sabem, ou escondem deliberadamente?

Provérbios 18:21 "A morte e a vida estão no poder da língua; o que bem a utiliza come do seu fruto". Esse texto é usado para justificar muitas coisas, dentre as quais a doutrina das "maldições" e a própria confissão positiva, segundo a qual suas palavras (confissão, no caso) têm algum poder mágico no mundo espiritual.

O livro de Provérbios é um pouco mais complicado quando se trata de colocar passagens no contexto, já que cada provérbio é um dito isolado e não faz parte de uma unidade textual. Por outro lado, existe algo chamado "contexto amplo", que é a ideia geral do autor ao escrever uma obra, e ainda o estilo literário.

Neste caso, vê que o livro em questão contém conselhos para a vida prática, discorrendo sobre criação dos filhos, conduta ética, temor de Deus, sabedoria, obediência às autoridades e outras recomendações que, seguidas na vida prática, produzem uma vida coerente e centrada na vontade de Deus. Desta forma, não se trata de um manual de batalha espiritual nem muito menos de um tratado teológico sobre a ação de anjos e demônios, mas é um livro bem "pé no chão".

Dito isso, pode-se entender que o verso em questão trata do uso da língua no nosso quotidiano, e do grande poder que ela tem: com a língua você pode magoar alguém, desfazer uma longa amizade, pode se meter em apuros, principalmente se ofender alguém com mais poder que você, mas também pode manifestar amor, produzir reconciliação, pode evitar até uma guerra.

Quem usa a língua com sabedoria comerá do fruto que essa mesma sabedoria produz, e é isso e nada mais que o verso em questão está dizendo. Em Tiago 3:1-12 tem o mesmo tema novamente, de forma mais elaborada.

I Samuel 24:6 e Salmo 105:15

E disse [Davi] aos seus homens: O Senhor

> *me guarde de que eu faça tal coisa ao meu*
> *senhor, isto é, que eu estenda a mão contra*
> *ele, pois é o ungido do Senhor. Dizendo: Não*
> *toqueis nos meus ungidos, nem maltrateis os*
> *meus profetas.*

Com base nesses dois versículos, criou-se dentro do protestantismo o mesmo sistema sacerdotal católico, no qual há uma classe especial de "ungidos" que estão acima dos demais crentes e, além disso, não podem ser criticados ou questionados, pois afinal não se pode "tocar nos ungidos". Esses tais se dizem procuradores de Deus, verdadeiros mediadores, como era, por exemplo, Moisés em relação ao resto do povo de Israel. Cito essas passagens aqui, portanto, por serem usadas com frequência pelos líderes que ensinam a teologia da prosperidade.

"Ungir" significa "derramar óleo sobre", e era, na cultura judaica antiga, a forma como os sacerdotes e reis eram iniciados no seu ofício. Em outras palavras, a unção credenciava o indivíduo para ser mediador entre Deus e as outras pessoas. Por esta razão Jesus é chamado de Cristo ou Messias, que são palavras que significam "ungido". No Novo Testamento, contudo, o termo "unção" só aparece duas vezes, dentro da mesma passagem, em I Jo 2:20 e 27, que é um texto que diz que todos recebem a unção do alto – em outras palavras, bem de conformidade com a doutrina protestante, todos nós somos sacerdotes. A palavra "ungido", por outro lado, só aparece na sua forma transliterada do grego, ou seja, Cristo, se referindo a Jesus e nunca aos líderes da igreja, nem mesmo aos apóstolos.

E quanto aos versículos de I Sm 24:6 e Sl 105:15? A primeira passagem fala de Saul, ungido como rei, e a segunda fala dos patriarcas Abraão, Isaque e Jacó, que Deus aqui chama também de ungidos. "Tocar", "estender a mão contra" e "maltratar", em ambos os contextos, significa utilizar de violência física e não a crítica ou o questionamento. Não há qualquer legitimidade exegética para transpor essas passagens do seu contexto original e aplicá-las aos líderes da igreja, por mais abençoados que estes supostamente sejam. O leitor pode ficar tranquilo, o seu líder não é infalível nem intocável, quem crê dessa forma é o catolicismo em relação ao papa. Se o seu líder falar ou ensinar algo que não se harmoniza com as Escrituras, ele deve sim ser confrontado (com respeito e submissão, obviamente, afinal, a não ser que ele seja um usurpador, Deus o colocou como líder) e, se ele tentar usar de intimidação citando as passagens já citadas, desconfie das intenções dele.

CAPÍTULO III

A TEOLOGIA A PROSPERIDADE: PROPOSTA BÍBLICA

5.1. *A Graça e sua transmissão*

Em termos gerais, o conceito teológico de Graça remete não a algo da realidade, um objeto ou o produto de uma ação. Significa, em última instância, o próprio Deus em sua boa disposição em relação aos homens. Em virtude disso, Graça, para os fins deste estudo, será compreendida como favor de Deus.

O vocábulo Graça, substantivo feminino singular abstrato na língua portuguesa, envolve certo número de significações em virtude da interpretação de seu uso na literatura bíblica canônica.

No Primeiro Testamento, essa expressão é utilizada para explicar a relação pessoal que Deus estabelece entre si mesmo e os seres humanos, na eleição de um povo para si, bem como sua salvação, única e simplesmente por obra de sua benevolência (cf. Dt 7.7-10; Ez 16.4ss).

Deus mesmo tem a iniciativa desta relação, pois ama o povo de Israel gratuitamente, sem mérito algum da parte deste: "Tão somente o Senhor se afeiçoou a teus pais para os amar; a vós outros, descendentes deles, escolheu de todos os povos como hoje se vê" (Dt 10.15).

É também apropriada para expressar o fato essencial do qual testemunha o Segundo Testamento: a vinda de Deus em Jesus Cristo, o qual, é a doação amorosa do Pai que amou aos homens antes que esses o amassem (cf. 1 Jo 4.19) e, por isso, o Pai entrega seu próprio Filho em favor da humanidade, ainda na condição de pecadora (cf. Rm 5.8). Um favor cujo fundamento último é o amor gratuito de Deus, e não, méritos humanos, decorrentes de obras, "para que ninguém se glorie" (Ef 2.9). E, como o amor opera no mundo da liberdade e da gratuidade, fica excluído qualquer esquema mecanicista de causa e efeito (GUTIERREZ, 1985, p. 142).

Mais do que uma mera distribuição generalizada da Graça Comum, Deus age de forma eficaz e concreta para a salvação da humanidade, consumando sua obra salvífica na Pessoa de Jesus Cristo, o Emanuel que veio ao mundo, morreu e ressuscitou. Ele é a própria Graça. "Porque a lei foi dada por intermédio de Moisés; a graça e a verdade vieram por meio de Jesus Cristo" (Jo 1.17).

Visto que a graça provém da decisão livre de Deus em favor da humanidade, segue-se que o ser humano não tem habilidade para produzi-la. "É por esta razão que a graça se opõe às obras da lei, tacitamente por todo o Novo Testamento, e, de modo expresso, em passagens como Rm 3.19 e ss; Jo 1.16; Gl 2.11-21 e Ef 2.8" (CHAMPLIN, 2001, p. 955).

A transmissão dessa Graça consiste na auto comunicação de Deus com o ser humano, numa relação marcada pela liberdade e pelo amor incondicional, a despeito da rejeição pecaminosa da criatura ao Criador (RAHNER *apud* RHODEN, 2004. p. 87). Por isso, não é possível falar da transmissão da Graça sem envolver a relação de liberdade e amor entre Deus e os seres humanos e, por conseguinte, dos seres humanos entre si. O amor devotado a Deus tem que passar, necessariamente, pela prática do amor ao próximo (GARCIA RUBIO, 1975. p. 95), numa práxis que o evangelista João elevou à categoria de *indispensável*, ao dizer: "(...) aquele que ama a Deus ame também a seu irmão" (1 Jo 4.21).

As metáforas e alegorias socorrem aqui a impossibilidade da linguagem para reduzir ao discurso o que é ação própria de Deus: numa comparação rude, pode-se dizer que a Graça e o Amor de Deus são como membros de um mesmo corpo, se a primeira puder ser comparada aos braços que recolhem o angustiado e perdido ser humano; o segundo seria o peito que o acolhe. Ou, de outra maneira, "o amor a Deus é a mística interna que rege a prática externa do amor ao próximo, exige total devoção (coração, alma, força, mente), e o amor ao próximo total identificação (como a si mesmo)" (STORNIOLO, 1992, p. 106.)198 e "só se faz existencialmente real quando é também amor ao próximo".

Por mais que se tente perscrutar as profundezas da Graça, não há como explicar satisfatoriamente a forma como opera na experiência humana, uma vez que se trata de iniciativa livre do Deus amoroso, criativo e soberano, aquele que não pode ser manipulado por ninguém, nem ser totalmente conhecido; diuturnamente surpreendente.

É aquele que fala do meio de uma tempestade, e convence Jó de sua ignorância quanto aos desígnios divinos, e pergunta: "Onde estavas tu, quando eu lançava os fundamentos da terra? Dize-me, se tens entendimento" (Jó 38.4). O ser humano não tem condições de perscrutar as profundezas de Deus, aquilo que escapa ao controle e compreensão humanos, descobre assombrado que Deus o realiza, e todo poder está em suas mãos e nenhum dos seus planos pode ser frustrado (cf. Jó 42.1). Ele abre caminhos no deserto e rios no ermo (cf. Is 43.19b), e suas ações não podem ser nem medidas nem pesadas pelo juízo humano, pois jamais pode ser aconselhado ou instruído (cf. Is 40. 13,14). Diante do Deus soberano, que insiste na ação graciosa de fazer misericórdia a quem quer (cf. Ex 33.19), resta reconhecer sua gratuidade como ato espontâneo e próprio de amor.

O conceito de Graça é o que melhor expressa a liberdade e a soberania do Deus amoroso, que não faz acepção de pessoas, mas age com direito e justiça; que valoriza o ser humano como pessoa e o transforma em objeto do seu amor. E como ação consequente, interpela, movimenta e investe o ser humano a também se sentir responsável por oferecer esse mesmo amor aos demais e servi-los despretensiosamente. A Graça não estabelece nenhuma pré-condição para servir ao próximo, por isso implica uma ética elevada, de valorização do ser humano como filho de Deus, e do outro, como irmão.

Tanto em relação ao Primeiro como ao Segundo Testamento, a construção teológica da Gratuidade é mais consistente e respeitosa para com Deus, do que a Teologia da Retribuição e a Teologia da Prosperidade, além de pensar o ser humano e seu projeto ético de forma mais correta. Seria um trabalho hercúleo dar conta de todas as passagens bíblicas que, direta ou indiretamente, tratam do assunto. Daí, como já explicitado, a razão de se limitar neste estudo aos discursos de Jó e à pregação de Jesus Cristo presente em Lc 10.25-37 para se delinear a teologia, antropologia e ética da Gratuidade.

A teologia preocupa-se em discursar sobre Deus, distinguindo seus atributos, suas ações e suas características como sujeito, pessoa. Falar sobre Deus sem levar em conta a sua Graça, ainda que os demais atributos sejam considerados, é correr o risco de elaborar uma teologia deturpada. Dizer quem é Deus sem que se ceda à tentação de manipulá-lo ou confundir sua pessoa com os interesses da religião, ou em outras palavras, representar uma imagem adequada de Deus tem sido o grande desafio teológico, segundo Dietrich, (1996, p. 58):

> A essa tentação não resistiram os amigos de Jó e apresentaram ao homem que sofria injustamente um deus forjado pelo velho esquema da previsibilidade, decorrente da correlação entre causa e efeito; um deus diferente daquele revelado na história de Israel e conhecido na experiência de fé do povo. Esse era o Deus do Segundo Templo, do sacerdócio sadoquita, da Lei, produto da Teologia da Retribuição. Jó conhecia esse retrato, mas pode ser acolhido ao encontrar o Deus leigo, da vida, acessível aos clamores do pobre e do sofredor.

No afã de serem os guardiões da verdade, os amigos de Jó saíram em defesa de Deus, disputando palmo a palmo o privilégio de serem os legítimos porta-vozes da sua justiça. Lá estavam. De um lado, negando o Deus do Êxodo (cf. Ex 3.7,8), ao apresentarem um Deus surdo que não ouve os clamores dos oprimidos (cf. Jó 24.12); do outro, estava Jó, fazendo a experiência de Deus, fora do Templo e da religião oficial. Uma experiência arriscada, porém, no espaço certo, porque livre das garras de uma teologia casuística, acostumada a manipular a divindade. Nessa experiência, Jó encontra força, coragem e esperança para si e para todos os que sofrem (Dietrich, 1996, p. 84).

Jó é retratado como um modelo de todos os pobres e sofredores. É vítima de uma tragédia sem precedentes, perde bens, família e saúde (cf. Jó 1.13-2.19), sua condição era a de um homem saqueado, jogado à beira do caminho, semelhante à do viajante da parábola do bom samaritano, que fora assaltado quando descia a estrada de Jerusalém para Jericó: "Certo homem descia de Jerusalém para Jericó e veio a cair em mãos de salteadores, os quais, depois de tudo lhe roubarem e lhe causarem muitos ferimentos, retiraram-se, deixando-o semimorto" (Lc 10.30). Assaltado pela tragédia, estava Jó, sentado nas cinzas (Jó 2.8), à espera de socorro.

Na condição de representantes de Deus, o mínimo que se esperaria dos amigos que vieram visitá-lo seria o acolhimento, o estender da mão de misericórdia em favor do ferido; a expressão de uma teologia que não tivesse pressa em diagnosticar o pecado antes de acolher o pecador. No entanto, solicitados pelo imperativo legal das normas e costumes da religião oficial, distanciaram-se do alquebrado Jó para ficarem ao lado da teologia formal. Uma atitude que encontra seu paralelo no levita e no sacerdote da parábola do bom samaritano.

Ambos buscam caminhos alternativos para evitar aproximarem-se daquele que seria o espaço do encontro com Deus – o templo humano (cf. Lc 10.31,32).

A teologia dos amigos de Jó, assim como a do sacerdote e do levita retratados na parábola, ocupava-se em correlacionar o sofrimento a uma causa que o justificasse e, com isso, desprezavam o ser humano como o próximo, a quem Deus ama e deseja alcançar (cf. Lc 10.29).

Apesar de representarem, em grandes traços, a estrutura da TR, tanto *Jó* quanto a perícope lucana fazem-no com o objetivo, não de defendê-la, mas, sim, de demonstrar o quanto é desprovida da Graça e extraviada do caminho da liberdade e do próprio Deus.

Apresentam, ao contrário, Deus como aquele que tem a liberdade de agir conforme a sua vontade: livre para não responder às perguntas de Jó, para lhe testar a fé e para perdoar os seus amigos (cf. Jó 38 e 39). Livre para agir fora do templo oficial, usando um estrangeiro samaritano como instrumento de sua vontade (cf. Lc 10. 33-35). Enfim, como aquele, não é regido por interesses e nem é limitado por conceitos humanos. Limitá-lo ao pensamento humano e aprisioná-lo a tais ideais seria, no mínimo, frustrante.

5.2. *A Teologia da Gratuidade*

No conceito evangelical, com base no axioma reformado do *sola scriptura*, a Escritura é a única regra de fé e prática dos cristãos. E, como acontece em todas as igrejas protestantes históricas ou evangelicais, os pregadores da Teologia da Prosperidade também utilizam a Escritura Sagrada como única fonte para suas pregações e doutrinamentos. O problema, no entanto, não está na exclusividade das Escrituras como base de suas interpretações, mas na forma como são interpretados.

Parecem considerar as Escrituras como um conjunto, cujo conteúdo veicula experiências religiosas que podem (e devem) serem repetidas literalmente para que produzam os mesmos efeitos aos praticantes hodiernos. É muito comum, na prática litúrgica, a repetição ou re-encenação de episódios e eventos bíblicos (o que se denomina de ato simbólico). No entanto, nesses atos simbólicos há forte alegorização do relato bíblico, e, dessa forma, total desrespeito aos respectivos contextos históricos.

Um exemplo que ilustra bem essa prática é o da Igreja Universal do Reino de Deus (IURD). É comum, em suas campanhas, a re-encenação de passagens bíblicas com o propósito de reproduzir entre os fiéis a mesma conquista contida nelas. Por exemplo, assim como Abraão utilizou trezentos e dezoito homens para tomar de volta Ló e os seus bens, a IURD utiliza o mesmo número de homens consagrados para orar pelas pessoas, para que tenham de volta aquilo que perderam para o diabo. Assim como Josué cercou as muralhas de Jericó e, ao som das trombetas, essas caíram, dão-se voltas em torno das muralhas das dificuldades e problemas (um cenário artificial é montado e as muralhas são simbolizadas pelos problemas escritos em um papel e colocados nele), e derrubá-las em nome de Jesus. A vara que Moisés usou, o cajado de Jacó, os aventais de Paulo e outros elementos da narração bíblica tornam-se símbolos, objetos mágicos cheios de poder e capazes de trazer para a vida dos fiéis o dom desejado. Tal ênfase em símbolos, metáforas e alegorias faz que o fiel se transporte para um mundo imaginário, utilizando tais recursos para concretizar suas buscas.

Como se pode verificar, a ferramenta hermenêutica da Teologia da Prosperidade é a alegoria, mas não se configura na produção dos múltiplos sentidos da exegese dos Pais da Igreja ou da quadriga, pois perde o foco da fé, da ética e da anagogia. Ignora todos os princípios tradicionalmente reconhecidos de interpretação do texto bíblico e as reflexões dos últimos vinte séculos acerca da história, contexto e relativas à condição de texto escrito da Bíblia. A utilização das passagens bíblicas é basicamente jurídica, na forma de prova escriturística, e tem a finalidade de justificar interpretações particulares. A busca por contato com a realidade espiritual, transforma-a em instrumento puramente ritualístico, sem qualquer compromisso com o *kérygma* neotestamentário e a *Torá* de Yahweh.

Não importa o que a Bíblia diz, mas o que se quer que ela diga, e que seja útil para alcançar o fim desejado.

Na Teologia da Gratuidade a chave de leitura da Bíblia, por excelência, é o próprio Jesus em seu evangelho; e as regras de interpretação de textos bíblicos servem ao fazer teológico *kerygmático*, radical e inclusivo. Não joga com interesses exclusivamente particulares, nem se pauta pelo finalismo ou teleologismo bíblico (que já se viu serem próprios da Teologia da Prosperidade). Leva sempre em consideração o contexto histórico e literário dos textos bíblicos a serem interpretados, num estudo cuidadoso e sistemático para se lhe descobrir o sentido e o significado, na tentativa de primeiro escutar a Palavra de Deus antes de adaptá-la às necessidades modernas.

Em tal leitura, os recursos narrativos e testemunhais presentes nos textos que contam, por exemplo, que os lenços e aventais de Paulo curavam os enfermos (cf. At 19.12), não são admitidos como tendo força legal e caráter normativo. Normativos são os valores éticos e morais contidos aqui: a santidade que se exemplifica em Paulo e em seu ministério e a ação que se manifesta em libertação. Em toda Escritura tais valores se esclarecem: o amor ao próximo, a prática da justiça, da misericórdia, a radicalidade da vivência evangélica, que se aplicam em qualquer tempo e em qualquer lugar.

Assim, não basta apenas a aplicação de métodos críticos, históricos ou literários para a interpretação da Bíblia. A Teologia da Prosperidade necessita rever seus pressupostos hermenêuticos quanto à imagem que faz de Deus, do ser humano, da responsabilidade e ação humana. Precisa aplicar a chave hermenêutica do *kérygma*, da Graça e da libertação.

Uma teologia que valoriza o espiritual e despreza a responsabilidade e o serviço social como tarefa menos importante entre os seres humanos fere frontalmente os ensinamentos de Cristo e presta um desserviço à humanidade. Como já se viu, o discurso da espiritualização da miséria, da injustiça e do sofrimento exime a pessoa de suas obrigações humanitárias. Mas, não só isso. Um fazer teológico dessa natureza pauta-se por uma visão de mundo dualista e maniqueísta, em que as criaturas se arrogam o lugar de público privilegiado da guerra entre os deuses: na arena se digladiam Deus e o diabo.

A Teologia da Prosperidade espiritualiza apenas algumas coisas que estão no âmbito da criação. Ultrapassa a observação de certo padrão binário, dicotômico, que se reflete em toda a criação, mas entende de forma dualística que a realidade se divide em opostos com valores diferentes: bom e mau, espiritual e carnal, superior e inferior. Essa tendência expande-se a todas as categorias da realidade: brancos e negros, homens e mulheres, bairros ricos e periferia, escola privada e escola pública, setor privado e setor público, governo e sociedade. Essa polarização explica as desigualdades de tratamento, das condições sociais e econômicas, e naturaliza os mecanismos de dominação. Também impede qualquer esforço de diálogo e de libertação, pois a condição superior ou inferior não é fruto de ações humanas responsáveis na história, mas uma questão de natureza, de criação, do âmbito do celestial. Cabe ao bom ser bom, ao mau ser mau. O que é do mundo não pode ser espiritual. Não há possibilidade de libertação, de unidade, de diálogo e de transformação.

Apesar de certa visão geral, a responsabilidade e o serviço social cristão não se reduzem a atividades assistenciais e humanitárias, com pouca ou nenhuma dose de espiritualidade. "Tudo o que fizerdes, seja em palavra, seja em ação, fazei-o em nome do Senhor Jesus, dando por ele graças a Deus Pai" (Cl 3.17). Também não é uma tarefa secundária do cristianismo. Para o apóstolo Tiago, a visita aos órfãos e às viúvas em suas tribulações (trabalho social), por exemplo, qualifica uma religião como sendo pura e sem mácula para com Deus (cf. Tg 1.27). A fé sem expressões concretas, existenciais e sociais, em direção ao outro não é fé cristã. É discurso, é "morta". Não há como se falar da vida e da ressurreição diante daquele que sofre sem acolhê-lo nas suas necessidades (cf. Tg 2.16).

A Igreja de Jesus Cristo não é "senhora" do mundo, mas lhe é servidora (cf. Rm 1.14). Cabe-lhe demonstrar amor cristão a todos os seres humanos, o que implica que não somente deve se abster de praticar o mal, mas, também, não deve se conformar com a miséria produzida pela exploração, violência, desigualdade, fanatismo religioso ou obsessão ideológica. Segundo Brakemeier (2004), "O sofrimento humano sensibiliza a 'filantropia' de Deus (Tg 3.4) que ouve o clamor da criatura e, vai a seu socorro".

Há um outro aspecto importante no trabalho social cristão que é o serviço a Deus nas necessidades do outro (cf. Mt 25.40). A Teologia da Prosperidade e a Teologia da Retribuição verticalizam o serviço a Deus através de ritos cúlticos e oferendas. Priorizam o encontro com Deus através de soluções mágicas dos problemas, segundo a Teologia da Prosperidade, ou, através de obediência a normas e leis rígidas, segundo a Teologia da Retribuição. A manifestação de Deus na fraqueza e na pobreza humanas sequer se nomeia entre estas duas teologias, porque, só é possível conhecer esta manifestação quando se tem a grandeza de descer com Cristo na experiência da *kénosis*: "Tende em vós o mesmo sentimento que houve também em Cristo Jesus [...], antes, a si mesmo se esvaziou, assumindo a forma de servo, tornando-se semelhança de homens [...], a si mesmo se humilhou, tornando-se obediente até à morte e morte de cruz" (Fp 2.6-8).

A Teologia da Gratuidade trata tanto com o sofrimento humano individualmente como com as mazelas sociais sem espiritualizá-los, pois reconhece a missão do cristão e da Igreja como intrahistórica. Não exime o ser humano de suas responsabilidades humanitárias, mas vê no pobre, no doente e nas demandas sociais oportunidades apropriadas para o cristão demonstrar o amor de Deus, exercer o socorro e a misericórdia (cf. 1 Jo 3.17).

A graça de Deus atua na desgraça. Jesus disse: "Os sãos não precisam de médico, e sim os doentes. Não vim chamar justos, e sim, pecadores ao arrependimento" (Lc

5.31,32). E, jamais se esgota. Pode ser derramada em profusão nas condições mais marcadas pelo pecado (cf. Rm 5.20). Transforma pecadores em filhos perdoados e reconciliados com o Pai (cf. 2 Co 5.18,19) e capacita os cristãos ao evangelho integral (todo o evangelho para todos os homens e o homem todo), a estender o braço de misericórdia ao necessitado e dar continuidade à obra de salvação iniciada por Jesus. Ainda que muitas vezes sejam tomados por sentimento de impotência diante da violência, da pobreza, da corrupção e das injustiças sociais, a Graça faz despontar no coração do cristão a esperança de seguir adiante, porque em Cristo, o trabalho não é vão: "Portanto, meus amados irmãos, sede firmes, inabaláveis e sempre abundantes na obra do Senhor, sabendo que, no Senhor, o vosso trabalho não é vão" (1 Co 15.58).

5.3. *Teologia da Gratuidade e o conteúdo de vida cristã*

A visão que a Teologia da Gratuidade elabora a respeito do reino de Deus é universalista e não particularista e excludente. Não há, portanto, motivos para competições entre igrejas, porque grande é a seara, poucos os trabalhadores (cf. Mt 9.37). Em certa parábola, Jesus ensina que o mundo é o campo em que semearam o joio e o trigo juntos (cf. Mt 13.38). E os desafios da igreja em cumprir a sua missão nesse mundo são tantos e crescentes, que não se justifica competir igreja com igreja. "Acaso está Cristo dividido?"

Pergunta Paulo aos irmãos que disputavam preferência entre os apóstolos (1 Co 1.13). Mais adiante diz que, nem Apolo, nem Paulo são alguma coisa, mas Deus, que dá o crescimento (cf. 1 Co 3.7). A Teologia da Gratuidade é respeitosa para com as diferenças entre as igrejas, porque compreende os limites da liberdade cristã e não busca interesses particulares:

> Portanto, quer comais, quer bebais ou façais outra cousa qualquer, fazei tudo para glória de Deus. Não vos torneis causa de tropeço nem para os judeus, nem para os gentios, nem tampouco para a igreja de Deus, assim como também eu procuro, em tudo, ser agradável a todos, não buscando o meu próprio interesse, mas o de muitos, para que sejam salvos (1 Co 10 31-33).

É comum ouvir cristãos mais antigos lamentarem a superficialidade da fé de alguns cristãos modernos e que valores outrora defendidos como absolutos são, agora, relativizados.

A condição humana pós-moderna em suas dimensões históricas, sociais, culturais e econômicas contribuiu significativamente para essas mudanças, provocando dificuldades e rompimentos com a fé tradicional (LIBÂNIO, 2000, p. 43). No bojo dessa situação, a Teologia da Prosperidade ganhou força ao concorrer com o discurso cristão tradicional com propostas díspares de alternativas aos valores religiosos e morais. Com isso, os sistemas tradicionais da religião perdem o monopólio da fé (LIBÂNIO, 2000, p. 46) e tem lugar uma miríade de experiências religiosas subjetivas e particulares, em que as convicções religiosas passam a ser meros pontos de vista.

A subjetividade, como experiência pessoal de fé, posiciona o ser humano como "sujeito de significações, de valores, de compreensão de mundo, de interpretações de realidade" (LIBÂNIO, 2000, p. 78). A verdade, valor absoluto da religião, dá lugar a várias verdades que se equivalem em princípio. A valorização da autonomia nas experiências humanas faz da subjetividade o grande desafio para o *kérygma* da Igreja Cristã, que se crê portadora da mensagem universal, inegociável, de validade absoluta.

A Teologia da Prosperidade manifesta-se filha da Pós-modernidade e expressa bem a condição humana dessa época, pois é um grande caldeirão de crendices em que se jogam diferentes ingredientes que não são ressignificados, mas simplesmente justapostos. Resulta na distorção do caráter de Deus, na divinização do ser humano e esvaziamento do significado da relacionalidade e da ética na existência humana. O hibridismo religioso é, portanto, um diluente de identidades, que apregoa arbitrariedade em assuntos de fé e esvazia o conteúdo de vida cristã.

Falar de conteúdo de vida cristã no contexto da Teologia da Prosperidade é tentar encontrar diamante em terreno argiloso. Na verdade, essa geração de crentes (doravante cognominada *neocristãos*), adeptos da Teologia da Prosperidade, caracteriza-se efetivamente pela falta de conteúdo cristão. Assim, como perfil desse neocristão vê-se que:

- *A religiosidade não atende a nenhuma exigência de conversão, não há nenhuma intervenção da graça divina que provoque nele um processo de adesão incondicional a Deus, nem busca de conformidade ou fé obediencial à vontade divina;*

- *Não há objetividade religiosa, e os preceitos objetivos das tradições religiosas são considerados por demais pesados e obsoletos, sem sentido, deseja-se, nesse novo quadro, uma religiosidade de caráter mais light, em que as necessidades e carências individuais passam a ter primazia;*

- *Devido à subjetivação da fé, que favorece a privatização do religioso, interesses econômicos da sociedade de consumo se incorporam, e o estilo de vida do neocristão está em estreita relação com o consumismo;*

- *A busca da felicidade e da saciedade como sinais inquestionáveis da vontade de Deus, faz, do neocristão, uma pessoa individualista, desinteressada por qualquer tipo de compromisso social e político;*

- *O tipo de experiência com Deus proposto pela Teologia da Prosperidade não ajuda no combate à exclusão social que atinge dois terços da população mundial, e a visão de mundo que o neocristão recebe não o torna co-responsável na missão de transformar o mundo e não o ensina a colocar as mãos no arado, mas no resultado da colheita;*

- O neocristão desconhece a interpelação de Deus através da pessoa humana, a imagem de Deus por excelência, e, especialmente, o pobre, sacramento de interpelação, bem como as situações alheias em geral, são interpretados como desventuras ou sinais da atuação do mau, quase nunca como interpelação ao serviço social cristão.

Um conteúdo de vida legitimamente cristã se manifestará, necessariamente, em atitudes concretas de transformação social. Conhecer a Deus não envolve apenas dimensões espirituais e intelectuais. Conhecer é existencial: "Crescei na graça e no conhecimento de nosso Senhor e Salvador Jesus Cristo" (2 Pe 3.18).

A graça divina promove crescimento espiritual e oferece conteúdo à vida cristã. Atua eficazmente na vida do ser humano, produzindo transformações profundas em seu ser, capacitando-o a viver de acordo com os desígnios do evangelho; e cria novas atitudes e novos hábitos, resultado da união mística com Cristo. Por outro lado, anula o direito humano de reivindicar qualquer mérito por sua salvação: "Porque pela graça sois salvos, mediante a fé; e isto não vem de vós; é dom de Deus; não vem de obras, para que ninguém se glorie" (Ef 2.8,9). A nova vida em Cristo é construída a partir do que Deus realiza no interior do ser humano, e não, a partir do que a pessoa pode fazer para alcançar a salvação. Desprovido de méritos pessoais, sem, contudo, estar alheio ao que Deus realiza em sua vida, o ser humano é cúmplice no agir de Deus em sua vida. É no e através do cristão que se processa a santificação que o modela segundo a imagem de Cristo (cf. Rm 8.29; 2 Co 3.18); 2) e o compartilhamento da natureza divina (cf. 2 Pd 1.4) que, por conseguinte, leva à plenitude de Deus (cf. Ef 3.19) são resultados que jamais poderiam ser alcançados sem a atuação da graça divina.

Diferentemente da Teologia da Prosperidade, que constrói uma salvação teleológica, a TG oferece uma salvação ontológica, em que o ser humano é mais importante do que os resultados que se possa obter de seus ritos.

Pode-se falar de conteúdo de vida cristã quando o resultado dessa vida é legitimado por uma fé despretensiosa em Deus; quando as dúvidas levantadas quanto à pura gratuidade da fé (cf. Jó 1.9) são desbaratadas na hora da provação (cf. v.10) e quando a fé não decorre de ganhos secundários à adesão a uma religião, nem é algo ultramundano: "Não peço que os tires do mundo, e sim que os guardes do mal" (Jo 17.15). Decorre do compromisso com Deus e com o ser humano.

Forjado na comunhão com Deus e com os homens, o conteúdo de vida cristã se aplica necessariamente à vida real e concreta. Envolve toda realidade humana numa constante transformação até à plenitude em Cristo. Não se trata exclusivamente de um estilo de vida intimista, de pura subjetividade de fé. Afinal, o cristão foi criado em Cristo para realizar boas obras e para dedicar sua vida no acolhimento e abertura aos outros (cf. Ef 2.10).

6. CONSIDERAÇÕES FINAIS

Em relação aos desdobramentos pastorais que a Teologia da Prosperidade desencadeou nas últimas quatro décadas de sua existência e propagação, percebe-se que ainda se farão sentir por muito tempo e que os primeiros anos do século XXI vivenciam o que parece ser o seu auge. Falar do impacto de um fenômeno no fervilhar dos acontecimentos, no ápice de sua manifestação não é tarefa fácil e se incorre sérios riscos de reducionismo, de análises tendenciosas e superficiais e, principalmente, de diagnósticos super ou subvalorizados. A tendência conservadora é a de rejeitar as inovações e não ouvir o espírito de cada época. São os riscos aos quais se expõem a práxis teológica, mas dos quais não se pode fugir.

A busca das raízes bíblico-teológicas na retribuição temporal e a análise fenomenológica da Teologia da Prosperidade é tarefa que não se pode recusar, porém, há que se admitir lacunas e impossibilidades. Fora do ambiente da academia, da exegese e da pesquisa bibliográfica, a análise dos desdobramentos pastorais torna-o ainda mais necessário. Porém, o zelo da ortodoxia evangélica que move o pesquisador algumas vezes pode tornar míope o seu olhar.

Se a Teologia da Prosperidade trouxe algum benefício para Igreja, um deles parece ter sido o de fortalecer as convicções daqueles que já testemunhavam um encontro real com Jesus e fazer com que os aprovados em Cristo se manifestassem dentre os demais (cf. 1 Co 11.18); no geral, os prejuízos são mais evidentes. Tocam não apenas questões eclesiásticas, mas, sobretudo, a missão integral da Igreja no mundo.

Como a Teologia da Prosperidade, em sua lógica mercadológica e em objetivo teleológico, não articula a responsabilidade social do cristão, seus efeitos afetam o cotidiano das pessoas, principalmente nas questões ligadas à fé e trazem confusão quanto à clareza do propósito de Deus para a humanidade através da Igreja, relativizando os valores cristãos, produzindo uma geração de crentes superficiais.

A teologia, a antropologia e a ética da Teologia da Prosperidade são frutos de uma hermenêutica descontextualizada, numa forma de alegorização desviante da *alegorese* ou do *sensus plenior*, com o fim de justificar uma ideologia capitalista neoliberal. O resultado não poderia ser outro, senão o entrechoque entre as igrejas, a relativização dos valores cristãos e a demonização da situação de desventura do pobre e do doente.

Consideram-se aqui alguns elementos como impactos sérios da Teologia da Prosperidade que têm desdobramentos pastorais de consequências presentes e futuras ainda pouco mensuráveis, mas, certamente, devastadoras: a espiritualização da miséria, da injustiça e do sofrimento como fruto da vontade de Deus ou castigo do demônio; a consideração dos bens materiais e enriquecimento como sinais de felicidade e obediência da Deus; a mercantilização da fé em lugar do exercício da piedade com contentamento (cf. 1 Tm 6.6); 4) a sincretização da fé cristã com doutrinas da Nova Era, resultando numa distorção do caráter de Deus bem como a *utopização* da existência humana.

8. BIBLIOGRAFIA

ARMSTRONG, Karen. Em Nome de Deus: o fundamentalismo

*no judaísmo, no Cristianismo
e no Islamismo. São Paulo:
Companhia das Letras, 2001*

BRAKEMEIER, G. **Ecumenismo, sociedade e missão**. Reflexões sobre o caminho da unidade. CONIC. 10 de Agosto de 2004. Disponível em: www.conic.org.br/texto 46.htm. Acesso em 13 mar 2013.

CAMPOS, Leonildo Silveira. **Templo, teatro e mercado**. Petrópolis: Vozes; São Paulo: Simpósio; São Bernado do Campo: UMESP, 1997.

CHAMPLIN, R. N., **Enciclopédia de Bíblia, Teologia e Filosofia**. 5.ed. São Paulo: Agnos, 2001

CORTE, André. **Os pobres e o Espírito Santo**: o pentecostalismo o Brasil. Petrópolis: Vozes, 1996.

DIETRICH, L. J. **O grito de Jó**. São Paulo: Paulinas. 1996

FEE, Gordon D; STUART, Douglas. **Entendes o que lês**? São Paulo: Vida Nova, 1997.

Fontes, Renato N. **Deus não é seu empregado!** Uma interpretação biblicamente correta dos textos distorcidos pela "teologia" da prosperidade. Postado em: Junho/2008. Disponível em: http://bereianos.blogspot.com.br/2008/06/deus-no-seu-empregado.html#.UtKItel3vIU. Acesso em: maio/2013.

FREYRE, Gilberto. **Casa Grande & Senzala**. 12 ed. Brasília: Editora UnB, 1963.

GARCIA RUBIO, A. A experiência da gratuidade na vida cristã. **Síntese Nova Fase**. Belo Horizonte. V.2. n.4. Jul/Set., 1975. p. 95. 1975.

GOMES, Wilson. Nem anjos nem demônios. Em: Antoniazzi et al (Org.). **Nem anjos nem demônios**: interpretações sociológicas do pentecostalismo. Petrópolis: Vozes, 1994.

GONDIM, R. **O evangelho da nova era**. 6. ed. São Paulo: Abba, 2001. p. 85.

GUTIERREZ, G. **Teologia da libertação**. 5. ed. Petrópolis: Vozes, 1985.

HAGIN, Kenneth E. **Eu creio em visões**. Rio de Janeiro: Graça Editorial, 1996.

HAGIN, Kenneth E. **Pensamento certo ou errado**. Rio de Janeiro: Graça Editorial, 2000.

HANEGRAAFF, Hank. **Cristianismo em crise**. Rio de Janeiro: CPAD, 1996.

HOBSBAWM, Eric. **Era dos extremos**: o breve século XX (1914-1991). 2 ed. São Paulo: Companhia das Letras, 1995.

LIBÂNIO, J. B., **Eu creio nós cremos**: tratado da fé. São Paulo: Loyola, 2000.

Macedo, Edir. **O despertar da fé**. Rio de Janeiro: Universal Produções, 1985.

Mariano, Ricardo. **Neopentecostais**: sociologia do novo pentecostalismo no Brasil. São Paulo: Loyola, 1999.

MARIANO, Ricardo. **Neopentecostais**: Sociologia do novo pentecostalismo no Brasil. 2 ed. São Paulo: Loyola, 2005

Mariano, Ricardo. Os neopentecostais e a Teologia da Prosperidade. **Novos Estudos**. N.° 44. Março de 1996. Disponível em: www./ lw1346176676503d038 .hospedagemdesites.ws/v1/ files/uploads/

contents/78/20080626_os_neopentecostais.pd. Acesso em: maio/2013.

MARIANO, Ricardo. **Os neopentecostais estão mudando**. São Paulo, 1995. Dissertação (Mestrado em Sociologia). FFLCH, Universidade de São Paulo, São Paulo, 1995.

McAlister, Robert. **Como prosperar**. Rio de Janeiro: Nova Vida, 1978.

RAHNER, K. apud: RHODEN, I. L. **A experiência de humana de Deus como experiência de graça e de liberdade**: Reflexão baseada na teologia de K. Rahner. São Leopoldo: Unisinos, 2004.

Rodovalho, Robson. **O milagre aconteceu**. Goiás: Koinonia, 1999.

ROMEIRO, Paulo. **Evangélicos em crise**: decadência doutrinária na igreja brasileira. São Paulo: Mundo Cristão, 1996.

Romeiro, Paulo. **Supercrentes**: O Evangelho Segundo Kenneth Hagin, Walnice Milhomens e os profetas da prosperidade. São Paulo: Mundo Cristão, 1993, p. 36,

Silva, Deyvid Souza Bacelar da; Souza, Maria de Lourdes Albuquerque de. Teologia da prosperidade, mercantilização do sagrado: um estudo sobre a igreja celular no modelo dos doze em Feira de Santana – BA. **Sitientibus**, Feira de Santana, n. 43, p. 27-46, jul./ dez. 2010 Disponível em: /www2.uefs.br/sitientibus/ pdf/43/1.2_ teologia_da_prosperidade.pdf. Acesso em: ago/2013.

Soares, R.R. **As bênçãos que enriquecem**. Rio de Janeiro: Graça Editorial, 1985, p. 141.

Sousa, Bertone de Oliveira. A Teologia Da Prosperidade

e a redefinição do protestantismo brasileiro: uma abordagem à luz da análise do discurso. **Revista Brasileira de História das Religiões**. ANPUH, Ano IV, n. 11, Setembro 2011 -

STORNIOLO, I. **Como ler os livros dos Reis**: da glória à ruína. São Paulo: Paulus, 1992.

YANCEY, Philip. **Decepcionados com Deus**. São Paulo: Mundo Cristão.

ZUCK, Roy B. **A interpretação bíblica**. São Paulo: Vida Nova, 1994.

1TraduçãoOnline.WorldLingo.Transltion Localization Globalization

Publicado por: Rogaciano Rodrigues Alves

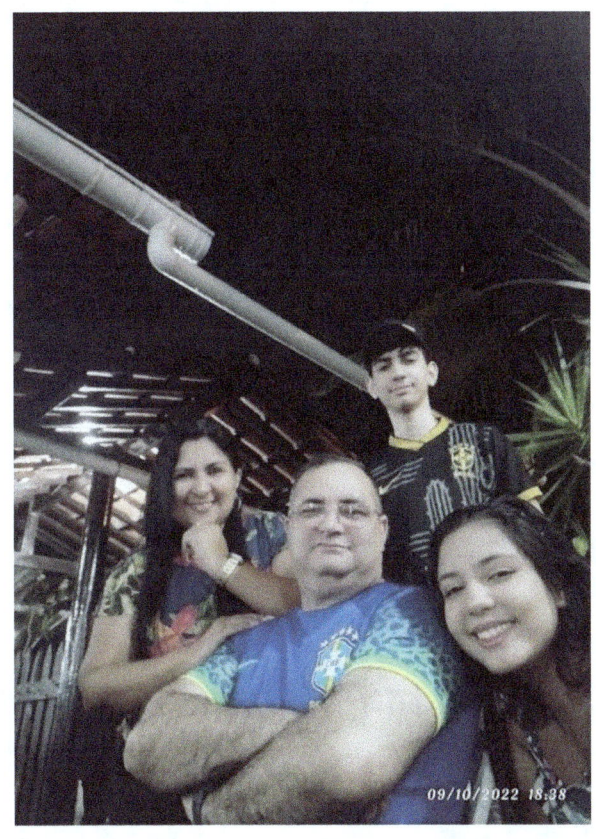

ROGACIANO RODRIGUES ALVES

Nascido em 18 de janeiro de 1973 na cidade de Itapipoca – Ce. Ingressou no Seminário Diocesano onde concluiu os primeiros anos de estudo de Teologia, entrou na PMCE em 10 de junho de 1995, onde iniciou a carreira Militar estando atualmente como Subtenente. Fez o seminário de teologia da Igreja Assembleia de Deus Min. Bela vista e em seguida fez o bacharelado em teologia pela FAK e pós graduação em Ciências da Religião pela FAVENI.

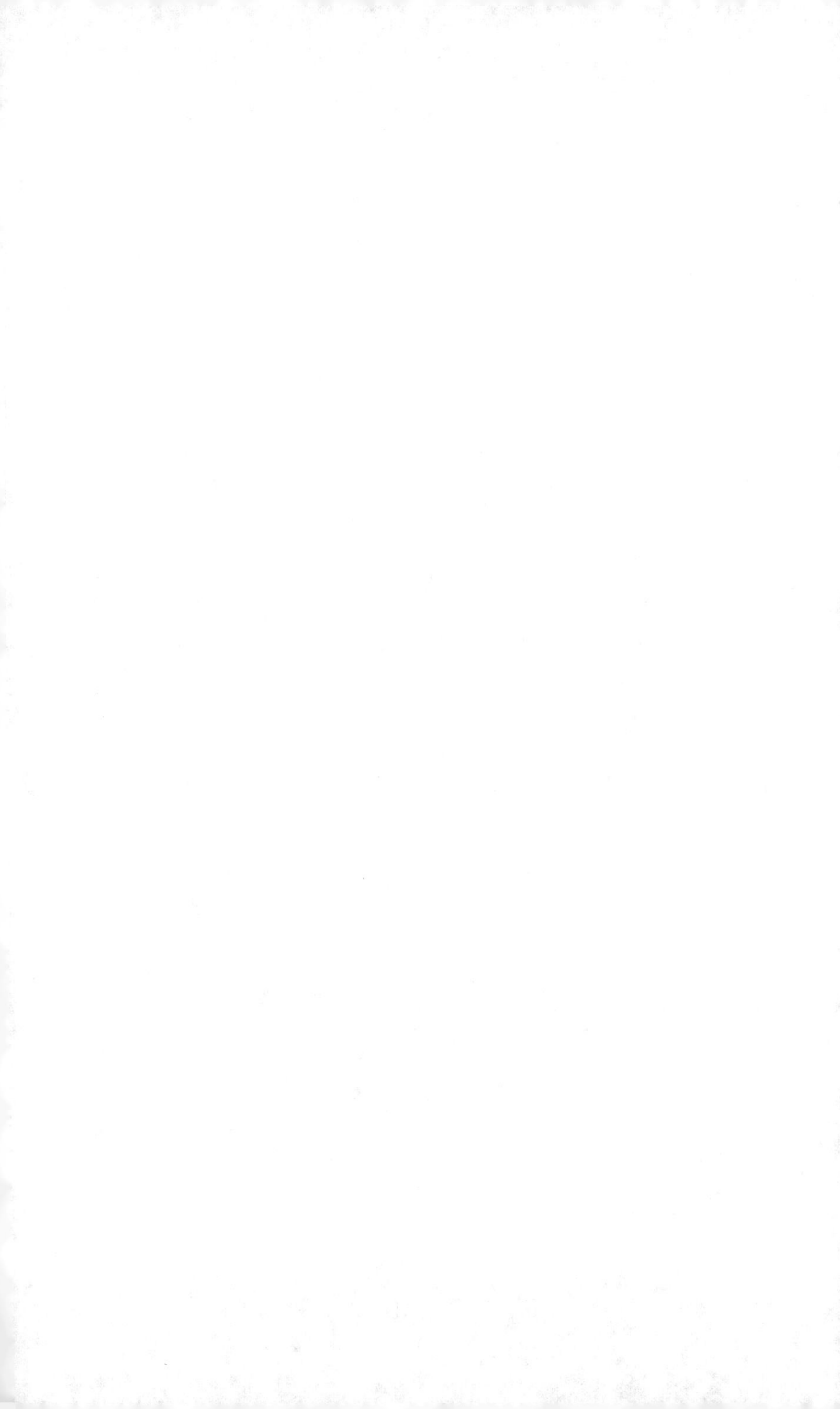